DVD付き着物レッスン

はじめての着付けと帯結び

朝日新聞出版

はじめに

着物を着てみたいけれど、着付けができない……。
そんな声をよく聞きます。
たしかに着物は、洋服のように羽織ってボタンをとめて終わり、
というふうにはいきません。
でも、だからこそ生まれる、着物姿の美しいラインがあります。
そんな美しい着姿を目指して、着付けをはじめてみませんか。
本書は、着物屋くるりが主宰する和の教室、「ワノコト」で
実際に行っている着付けレッスンをまとめたものです。
ポイントやコツなど、写真や絵で丁寧に解説していますので、
「自分で着物を着るのははじめて」という方でも、
すんなり着られるようになると思います。
また、結び方や位置、動作など、ちょっとした決まりを紹介していますが、
これらは、簡単に着るため、楽に着るため、
そして、着心地よくするためのもの。
しくみを知ることで着付けを深く理解でき、
着物を美しく、スムーズに着ることができるはずです。
とくに、「お太鼓《たいこ》結《むす》び」に関しては、より簡単、よりきれいを実現する、
わかりやすい結び方を紹介しています。
さあ、まずはこの本で着付けをはじめてみてください。
そして、すでにはじめている方は、
さらに美しい着付けのために役立ててください。

Contents

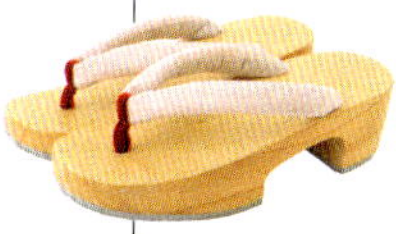

*はDVDで見られます。

着物の名称

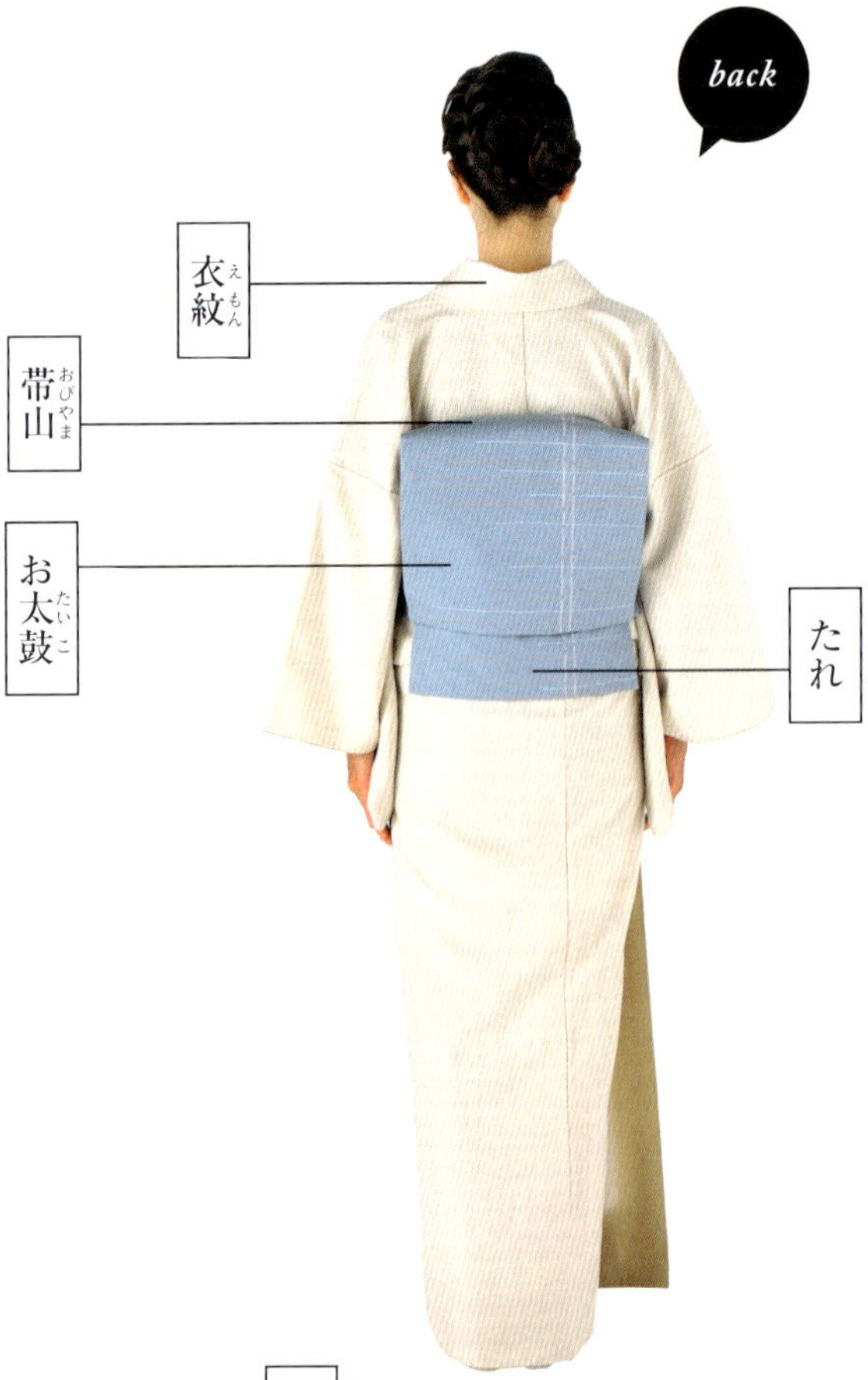
back
衣紋《えもん》
帯山《おびやま》
お太鼓《たいこ》
たれ

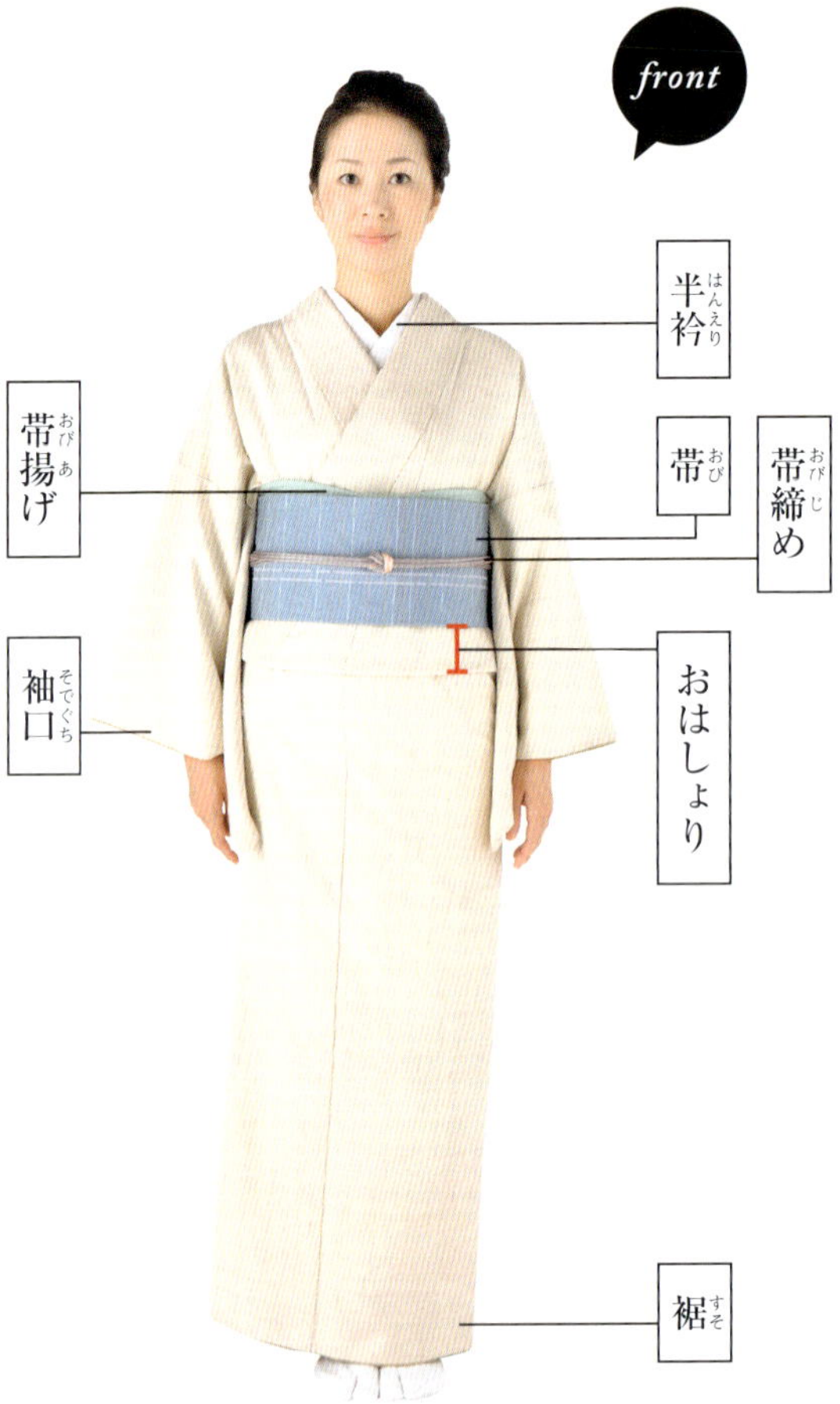
front
半衿《はんえり》
帯揚《おびあ》げ
帯《おび》
帯締《おびじ》め
袖口《そでぐち》
おはしょり
裾《すそ》

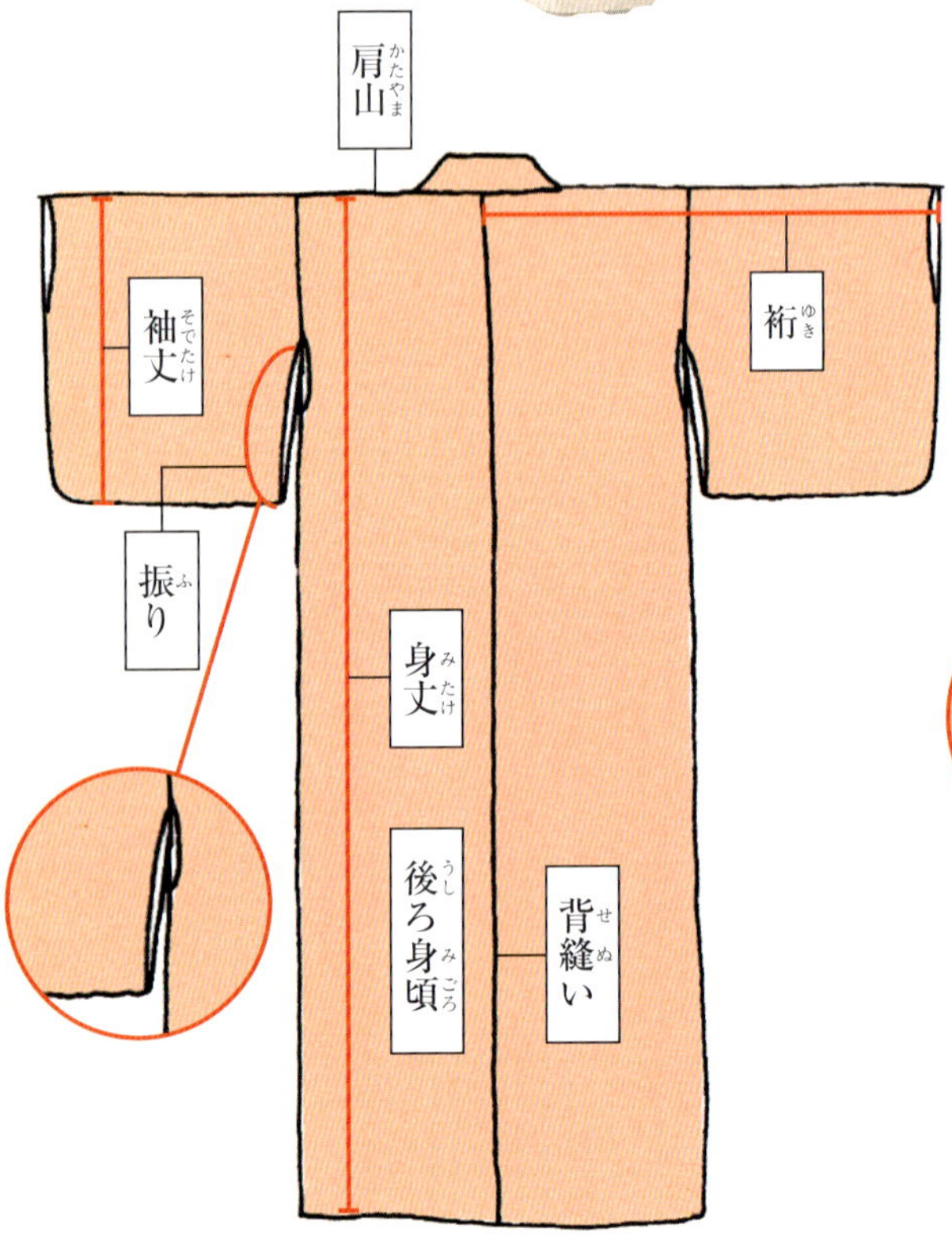
肩山《かたやま》
袖丈《そでたけ》
裄《ゆき》
振《ふ》り
身丈《みたけ》
後《うし》ろ身頃《みごろ》
背縫《せぬ》い

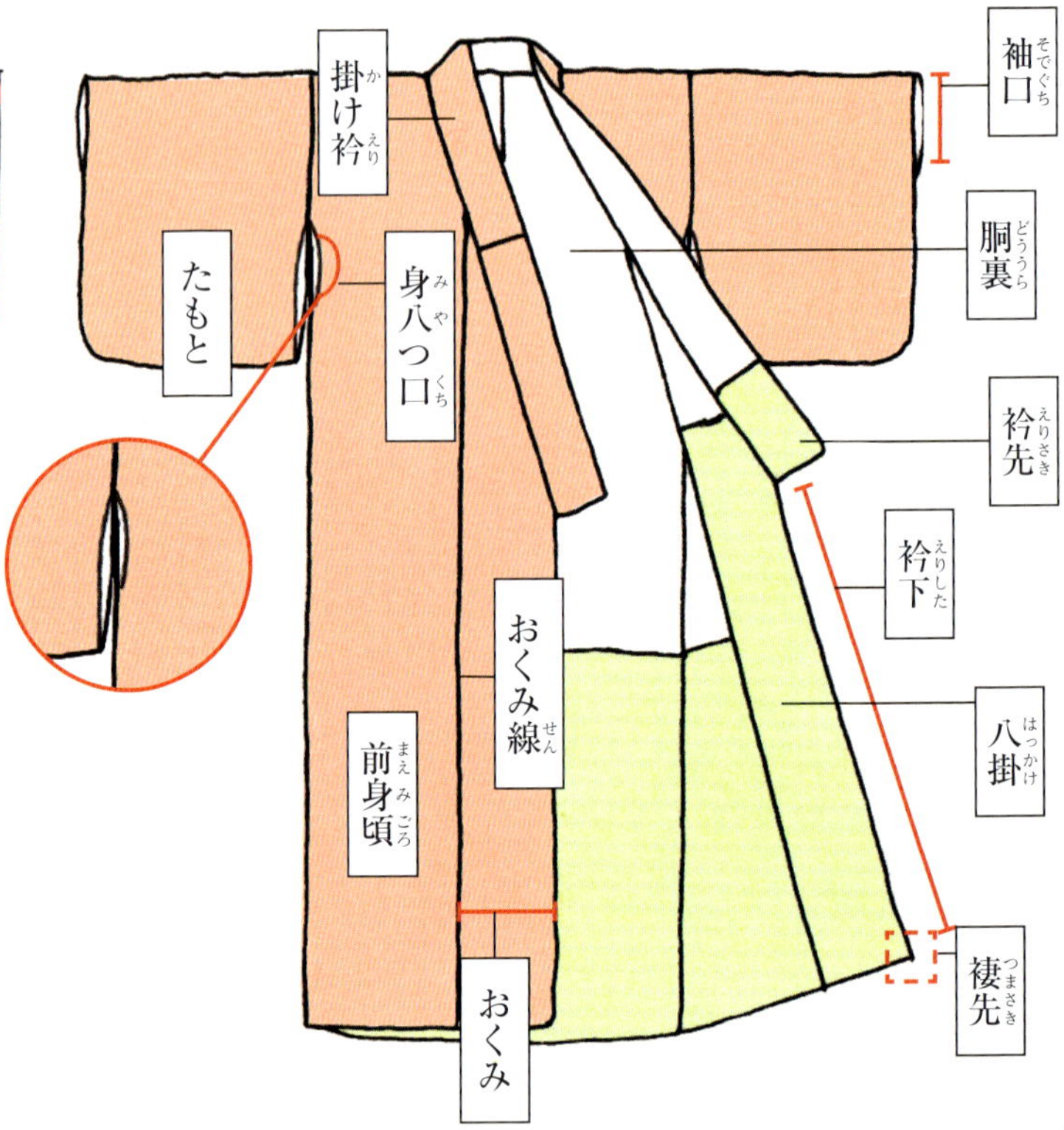
掛《か》け衿《えり》
袖口《そでぐち》
胴裏《どううら》
たもと
身八《みや》つ口《くち》
衿先《えりさき》
衿下《えりした》
おくみ線《せん》
前身頃《まえみごろ》
八掛《はっかけ》
褄先《つまさき》
おくみ

着付けの基本編

CHAPTER

1

着付けの準備から肌着のつけ方、そして、着物を着てお太鼓《たいこ》結《むす》びが完成するまでの、一連のプロセスを紹介します。お太鼓結びは、数ある帯結びの中でも、一番ポピュラーな結び方。名古屋帯を使って結びます。

着付けの流れ

STEP 1-7

STEP1 必要なものを準備する

↓P9

まずは着付けに必要なアイテムを用意しましょう。揃ったら、スムーズに着るための準備もします。

STEP2 足袋《たび》をはく

↓P14

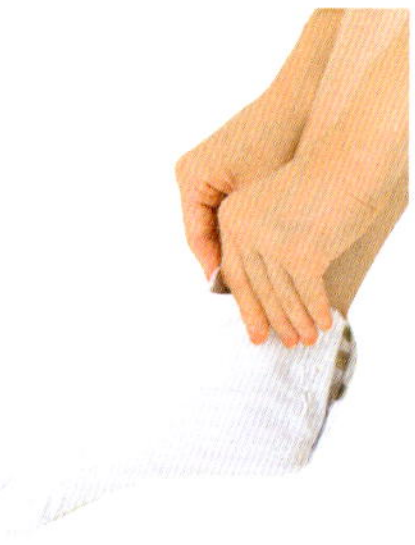

足袋をはきます。着物を着たあとに足袋をはくのは難しく、着崩れしやすいので、着物を着る前に。

STEP3 裾よけ、肌襦《はだじゅ》袢《ばん》をつける

↓P15

下着の上につけるのが、裾よけと肌襦袢。汗や皮脂を吸いとったり、歩きやすくしたりという役目をします。

STEP4 長襦袢《ながじゅばん》を着る

↓P20

肌襦袢の上に着ます。着物を着ると、長襦袢の衿（半衿《はんえり》）だけが見える状態に。着物の滑りをよくします。

STEP5 着物を着る

↓P26

長襦袢の上に重ねるように着ます。上半身と下半身の境目に「おはしょり」というタックをとるのが特徴です。

STEP6 帯を結ぶ（お太鼓《たいこ》結《むす》び）

↓P38

帯は、アンダーバストと骨盤上部の間に巻きます。体に巻き付けることで、着物をとめる役目もあります。

STEP7 帯締め、帯揚げを結ぶ

↓P50

名古屋帯でお太鼓結びにするときは、帯の崩れを防ぐ帯締めと、帯枕を隠す帯揚げが必要です。

FINISH! 完成！

これで、ひととおり完成です。

STEP 1

必要なものを準備する

着物

着物は洋服と違い、直線裁断により平面的に作られています。形は同じですが、素材や色、柄などによって着用シーンが異なります。

帯

カジュアルシーンで結ぶもっとも代表的な帯は「名古屋帯」。本書で紹介する「お太鼓《たいこ》結《むす》び」や「角出《つのだ》し」は、名古屋帯を使って結びます。

長《なが》襦袢《じゅばん》

着物の下に着るアイテム。着物の滑りをよくし、動きやすくしたり、汗などで着物が汚れたりするのを防ぎます。「衣紋《えもん》抜《ぬ》き」がついたものも。

肌《はだ》襦袢《じゅばん》

和装ブラの上につける下着。素材は綿100%で肌触りや着心地がよく、汗を吸いとる役目をします。

和装ブラ

着物は、なだらかな胸元のほうがすっきりとした着姿になります。通常の洋服用のブラではなく、和装ブラをつけます。

足袋《たび》

着物のときの足元は足袋で、白足袋が一般的です。普段ぴったりサイズで靴を履く人は、足袋も同じサイズを選びましょう。

裾よけ

ショーツの上につけるアイテムで、下半身に巻き付けて着用します。素肌にもっとも近く、裾さばきをよくします。

帯揚げ

帯枕を隠すために、帯枕にかぶせて使う長方形のアイテム。帯の上に少しだけ見えるので、帯まわりのアクセントとしての装飾的な役割もあります。

帯締め

帯結びが崩れないように、支えるための紐。小さなアイテムですが、視界に入りやすい位置にくるため、コーディネートの要となります。

帯板

前帯にしわができないように入れる板。帯を巻くとき、前帯の内側に挟んで使います。ベルトがついているタイプは、帯を結ぶ前につけておきます。

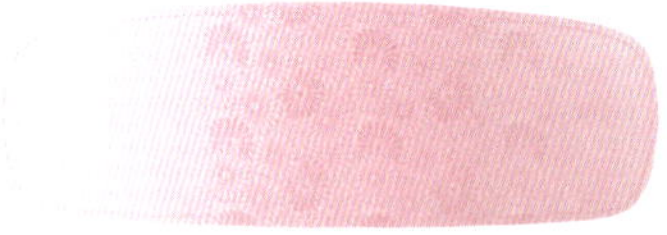

腰紐

着物やゆかたを着るときに結んで使う紐で、3本必要です。長さ半分のところに目印をつけておくのがおすすめ。

伊《だ》達《て》締《じ》め

長襦袢や着物を着るときに締めて使います。腰紐より幅があるので締め付け感が軽減され、面でとらえてしっかりとめられます。2本必要です。

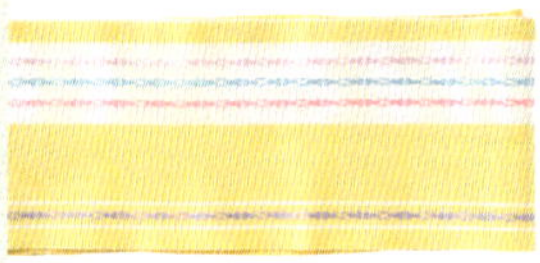

衿芯

着物の衿元の特徴的なシルエットを作り出すための必需品。長襦袢を着る前に衿に通して使います。プラスチック製のものが一般的です。

帯枕

お太鼓結びのとき、帯の形を整え、支えるために必要なアイテム。背中の肩甲骨あたりにピタリと沿うように結んで使います。

着物クリップ

帯を結ぶときなどに使うクリップ。着物に引っかけたり、傷をつけないように、挟む部分にゴムがつき、角が丸くなっています。2個必要。

タオル・ガーゼ

ウエストのくびれをなくす、おしりと背中をなだらかにするなど、補正のときに使います。腰紐の締め付けを軽減させる役目もあります。

各アイテムの準備

着付けに必要なものは、手にとりやすいように、また、身につけやすいようにしておくと、格段にスムーズです。

着物

着物の衿を半分に折って、ボタンをとめます（広衿《ひろえり》仕立ての場合のみ）。

着物の内側から両袖に手を入れ、一度広げて持ちます。

身幅を半分に折って、左右の身頃のラインを合わせます。

身頃に袖を重ねたら、しっかり持ちましょう。

裾から折り返して、蛇腹になるように折りたたんでいきます。

完成。衿が上にくるようにたたむと、着るときにとりやすくなります。

長襦袢

半衿の内側に衿芯を入れます。

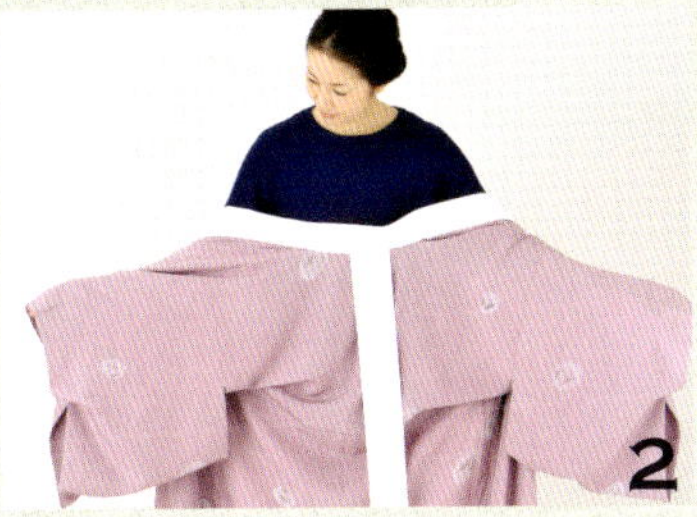

長襦袢の内側から両袖に手を入れ、一度広げて持ちます。

身幅を半分に折って、左右の身頃のラインを合わせます。

身頃に袖を重ねたら、しっかり持ちましょう。

裾から折り返して、蛇腹になるように折りたたんでいきます。

完成。衿が上にくるようにたたむと、着るときにとりやすくなります。

帯

1

表が上になるようにして、幅の広い「たれ先」から、蛇腹に折りたたんでいきます。

2

三角部分を丁寧に折り返し、帯幅が細くなった「て」の部分も、同様に蛇腹に折りたたみます。

3

完成。帯を結ぶときは、幅の細い「て先」から体に巻くので、こうしておくことで「て先」をスムーズにとれます。

帯揚げ

1

長さ半分に折りたたんだら、輪を持ちます。

2

端から蛇腹に折りたたんでいきます。

3

完成。輪からとりやすくなります。

帯締め

1

2つに折って、長さを半分にします。

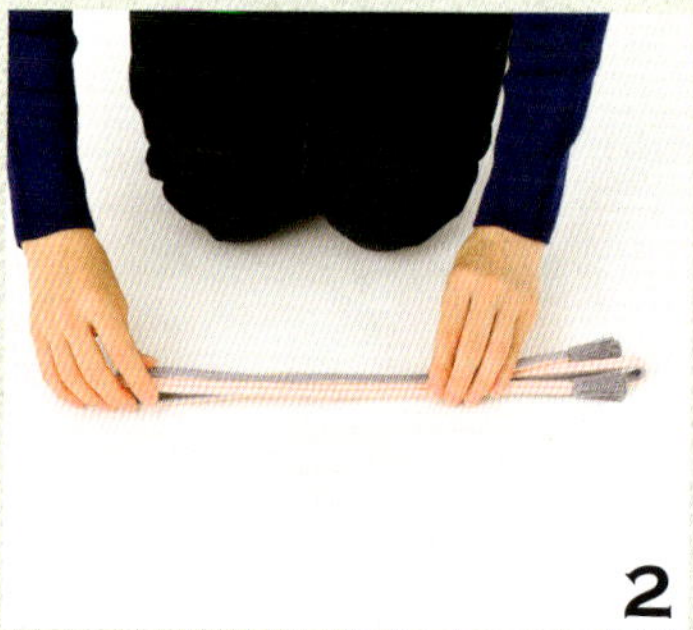

2

さらに半分にします。

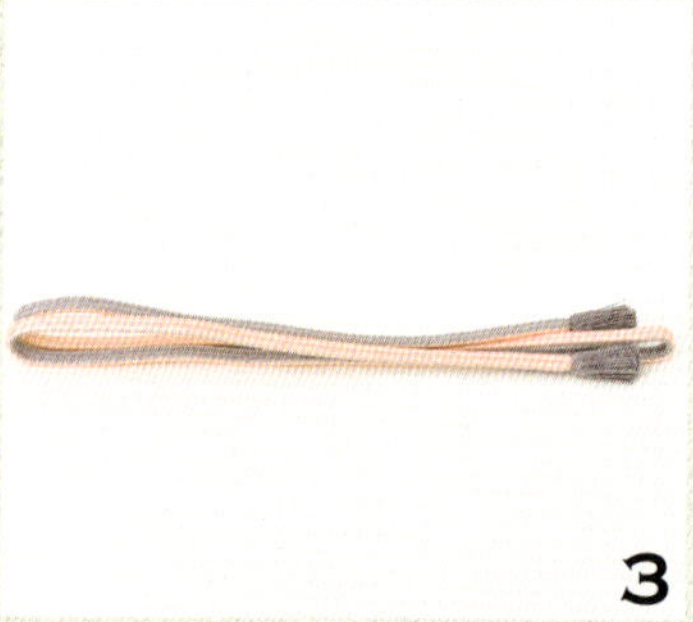

3

完成。手にとりやすくなります。

腰紐

長さ半分にたたんだら、端から指先4本に巻き付けていきます。

輪の15cmくらいを残し、巻き付けた中心部分に押し込みます。

完成。腰紐の中心からとりやすくなります。残り2本も同様に。なお、中心部分に印をつけておくと、中心がすぐにわかって便利です。

伊達締め

長さ半分にして輪を持ちます。

端から蛇腹にたたんでいきます。

完成。輪からとりやすくなります。もう1本も同様にします。

手にとりやすいように並べる

①帯締め、帯揚げ、帯板、帯（「て先」の輪のほうに着物クリップを２つ並べてとめる）の順番に重ねてひと山。②着物、長襦袢の順に重ねておきます。③帯枕、腰紐、伊達締めも近くに並べておきましょう。なお、椅子に置くと、さらにとりやすくて便利です。その場合は、背もたれに、帯締め、帯揚げ、腰紐、伊達締めの順にかけます。

STEP 2

足袋《たび》をはく

1 足袋を半分、裏返す

足袋の留め具「コハゼ」を外し、足を入れやすいよう、少し折り返して持ちます。このとき、椅子に座ると、はきやすくなります。

2 足を入れる

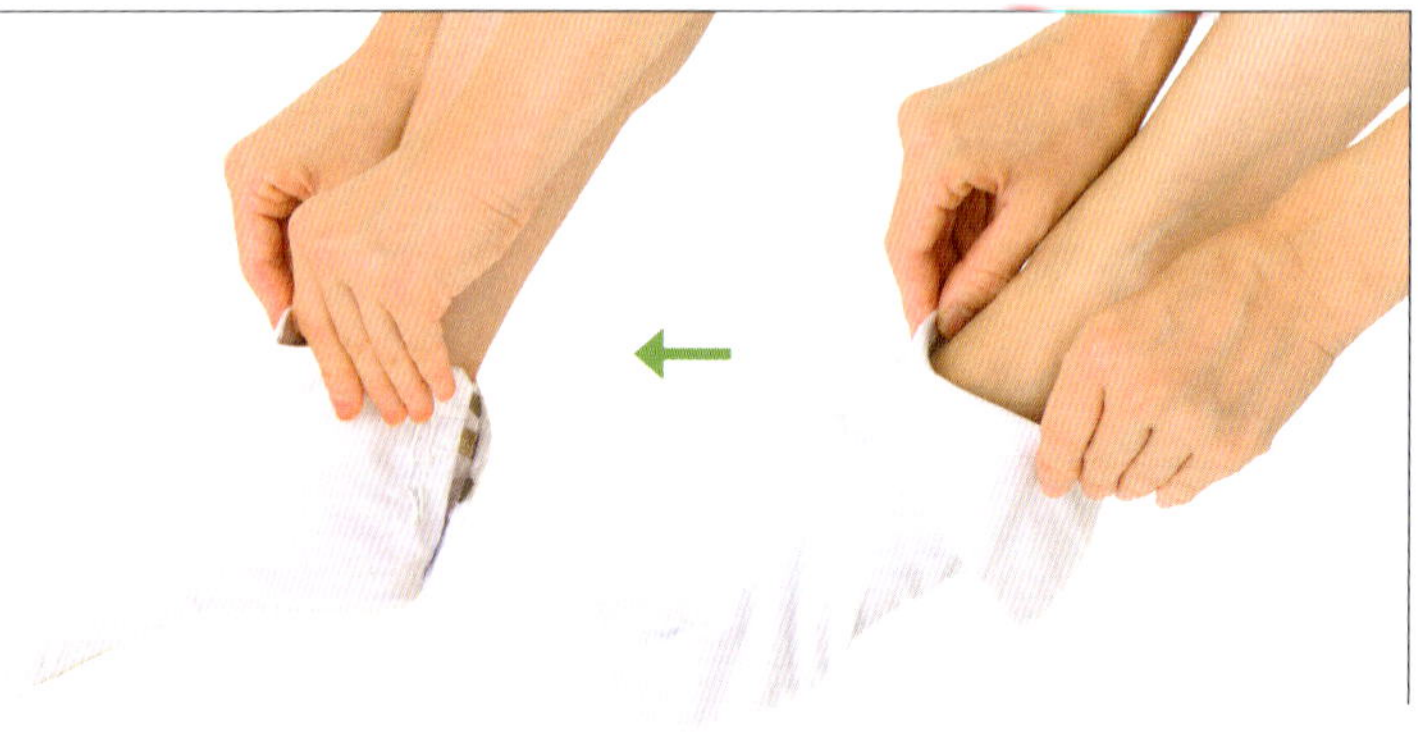

足袋の折り返した部分を両手で持ち、つま先から足を入れていきます。かかとまではいたら、折り返した部分を戻します。

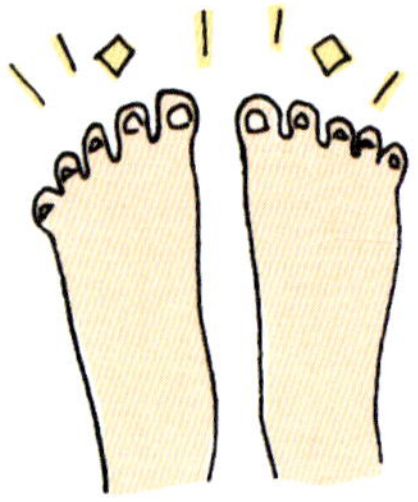

爪が隣の指にあたって痛くなることも。爪は短く切っておきます。

3 コハゼをとめる

コハゼは下から順番にとめていきます。ホックは2列ありますが、足袋がゆるみなくはけるほうのホックにとめましょう。

金具部分が「コハゼ」。コハゼは4枚が一般的で、ホックもそれぞれ4カ所に2列ずつ、ついています。

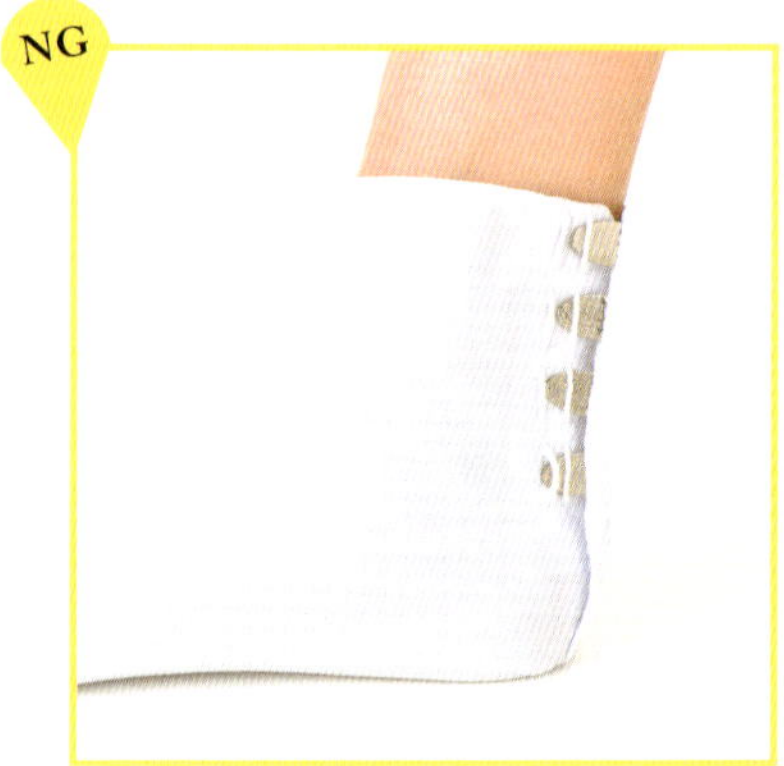

間違ったとめ方。コハゼは、ホックをかぶせるようにとめます。

STEP 3

裾よけ、肌襦袢《はだじゅばん》をつける

裾よけ

1 裾よけを腰に回す

裾よけの両端を両手で持ち、おしりにぴったり沿わせます。このとき、両手は前方にしっかり引っ張っておきます。そのあと、裾線の高さを合わせましょう。足袋《たび》の上線がのぞくくらいを目安にします。

裾線はやや高めに。足袋の上線がのぞくくらいにしておきます。

2 下前を巻き込む

おしりから裾よけが離れないようにしながら、左手を開き、右手で持っている側（下前《したまえ》）を、体に沿わせるように合わせます。このとき、左手は体より後ろにいかないように。後ろに手がいくと、裾よけがおしりから離れてしまいます。

下着についての注意点

ブラジャー

通常のブラジャーは胸を立体的にするもの。なだらかな胸元にする着物のときは外します。和装ブラのほか、カップつきタンクトップ、スポーツブラなどでも。

ショーツ

ショーツはレースのものがおすすめ。着物はおしりに密着させて着るので、ゴムが入ったショーツだと、ラインが浮き出てしまうこともあります。股上も浅めのものを選びましょう。

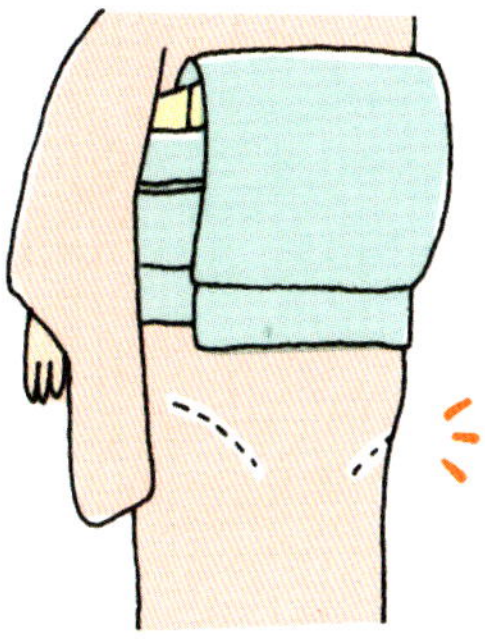

3 上前《うわまえ》を重ねる

右手はそのままで、左手に持っている側（上前）を重ねます。このとき、下前《したまえ》の端が体の左端に届いていないと、端が足の間に巻き込まれ、着心地が悪くなります。下前は体の左腰骨までくるようにしましょう（上前の端は右腰骨まで届かなくてもOK）。端を持ち替えたら、上に少し引っ張り、裾をつぼめます。さらに、引っ張った部分を折り返しておきます。

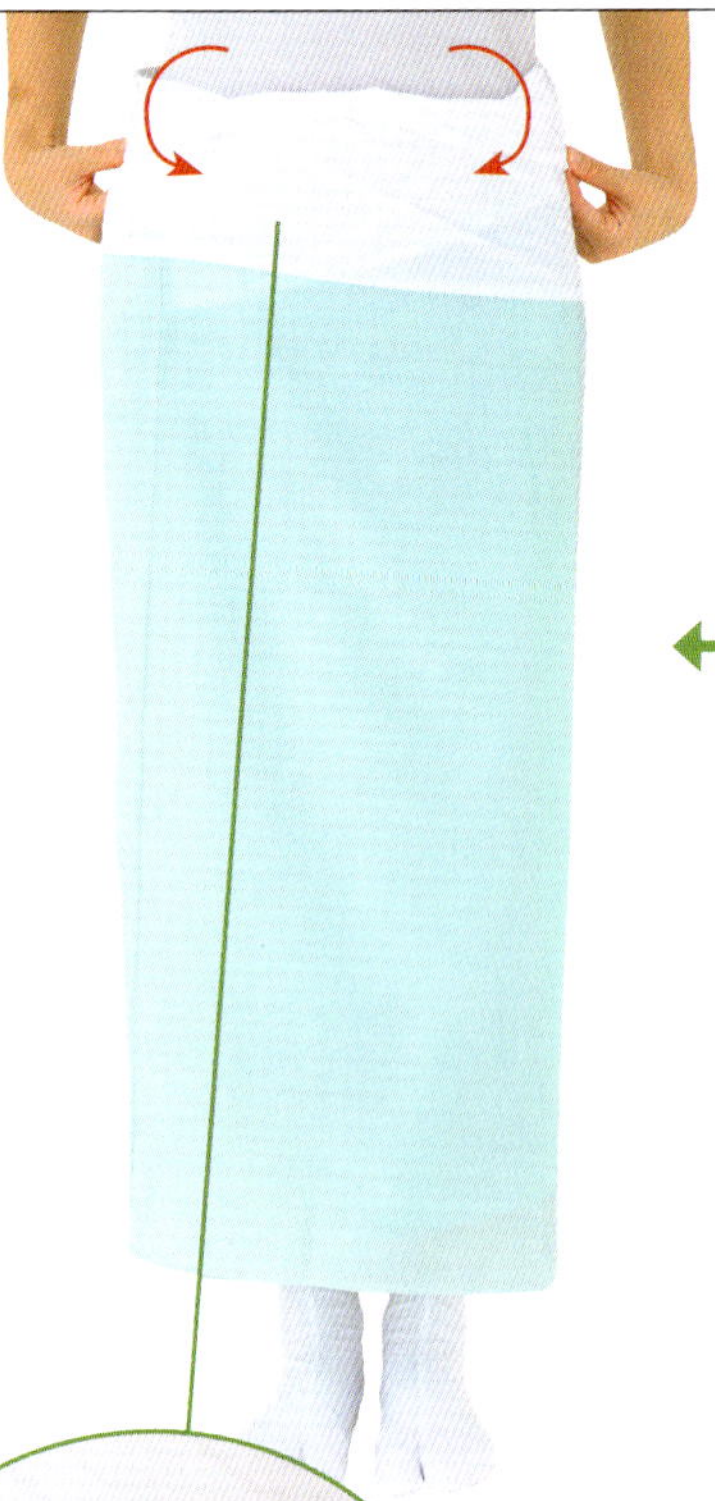

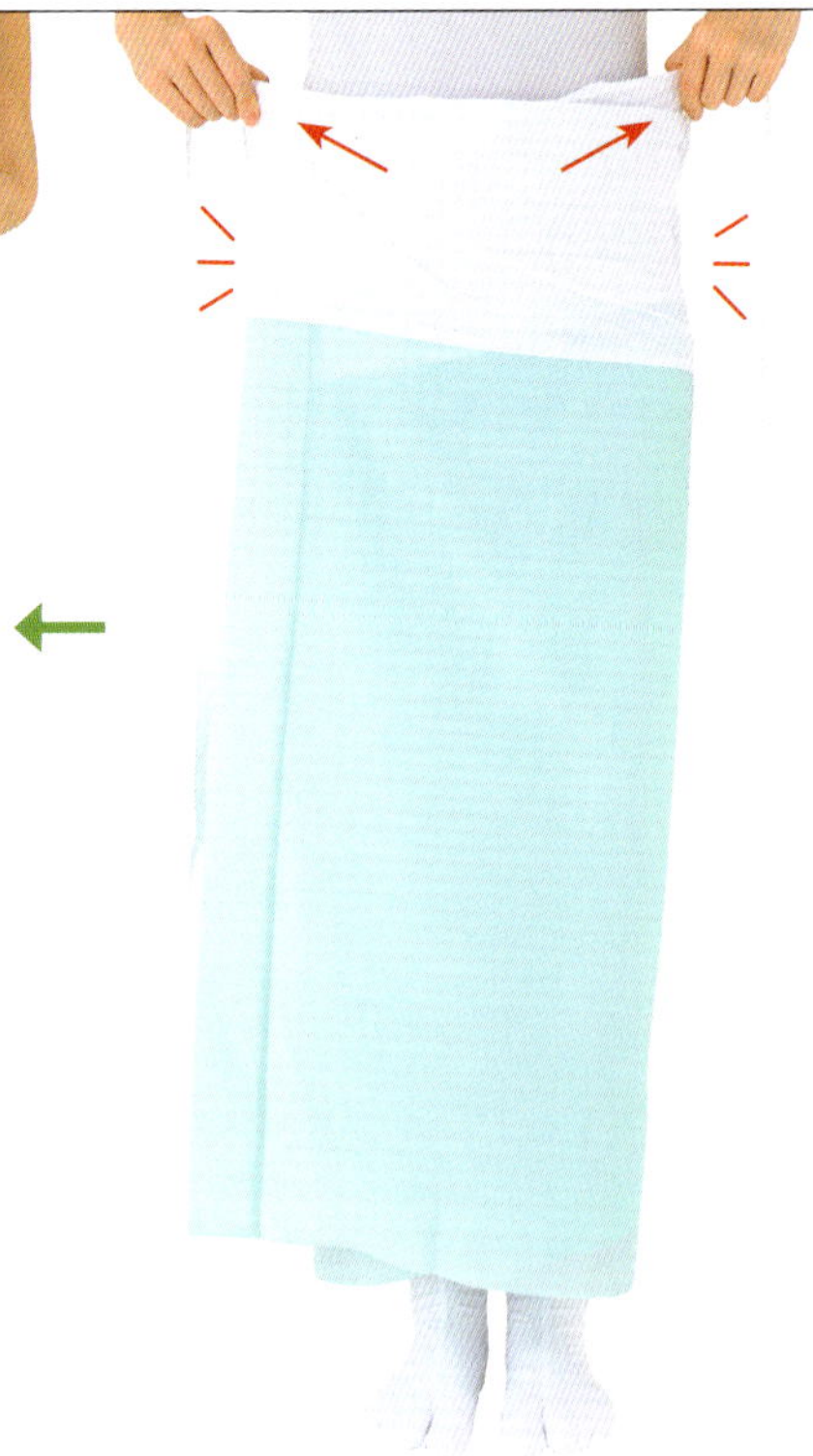

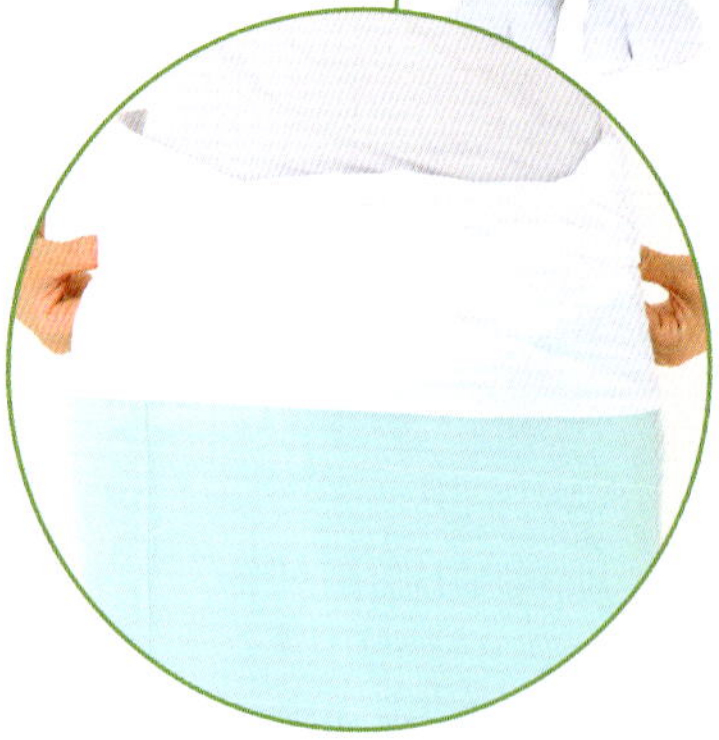

折り返すとき、しわなどがあっても構いません。

下前の端が体の左端まで届いていないと、歩くとき、足に下前が巻き込まれ、着心地が悪くなります。

4 裾よけの紐を結ぶ

両端を折り返したら、紐を持って一度後ろで交差させ、前に持ってきます。2回からげて左右に振り分け、余った部分は紐に挟み込んでおきます（からげ方はP32腰紐の結び方参照）。

後ろから見たとき、裾までのラインが裾つぼまりならOKです。

肌襦袢

1 肌襦袢を羽織る

肌襦袢に片方ずつ手を通し、羽織ります。

2 衿を抜く

前身頃の左右を合わせて片手で持ち、もう一方の手で後ろ身頃を持って、下に引っ張ります。このとき、衿をきちんと抜きましょう。衿が抜けていないと、着物を着たとき、肌襦袢の衿が見えてしまいます。

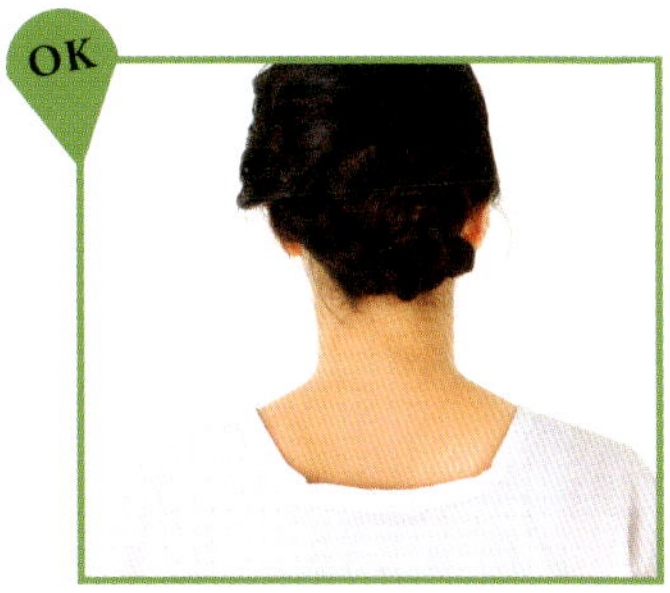

後ろ衿ぐりがU字になるよう、しっかり抜きます。

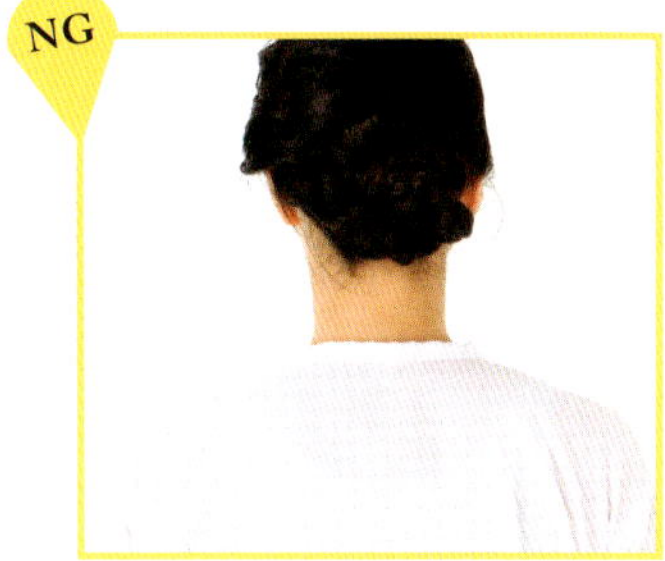

後ろ衿ぐりがまっすぐ。これでは、衿が抜けていません。

鎖骨が見えるくらいに、衿合わせはゆったりと。

鎖骨が隠れるくらいだと、衿合わせが詰めすぎです。

3 下前、上前の順に合わせる

下前、上前の順に合わせます。このとき、衿は鎖骨が見えるようにゆったり合わせるのがポイント。鎖骨が隠れるくらいに合わせてしまうと、着物を着たとき、肌襦袢の衿が見えてしまいます。

足袋・裾よけ 肌襦袢

完成

finish

OK

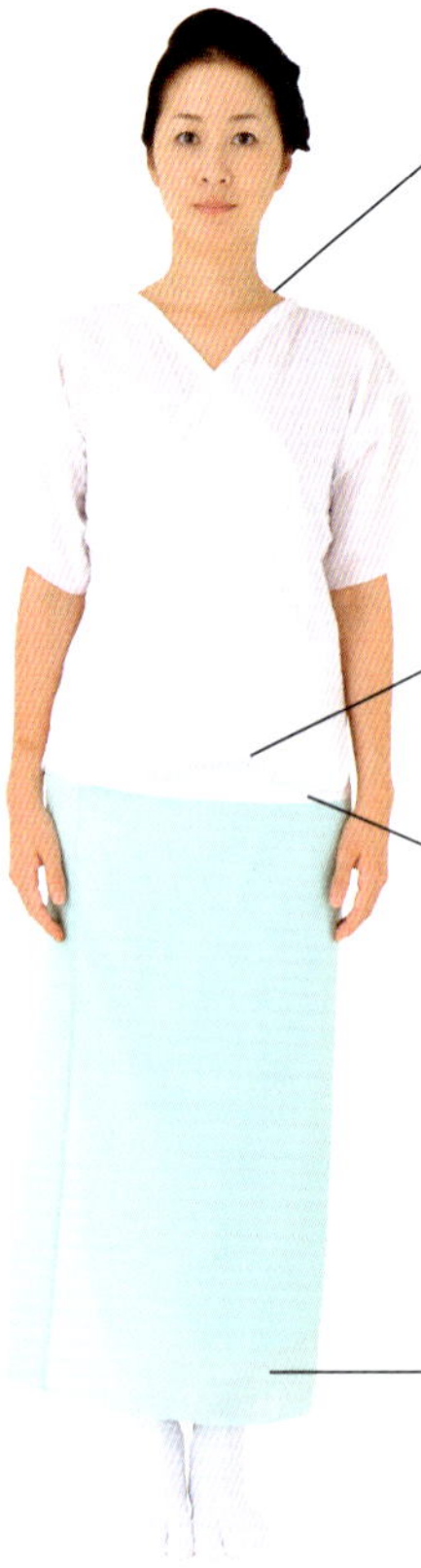

肌襦袢の衿元は鎖骨が見えている

裾よけの紐がからげただけになっている

裾よけの下前の端が、左腰骨まで届いている

裾よけの下線は足袋の上線が少しのぞく程度の高さ

肌襦袢の後ろ衿ぐりがU字で、しっかり抜けている

裾よけが裾にかけて細くなっている

足袋のコハゼのとめ方が正しく、外れていない

NG

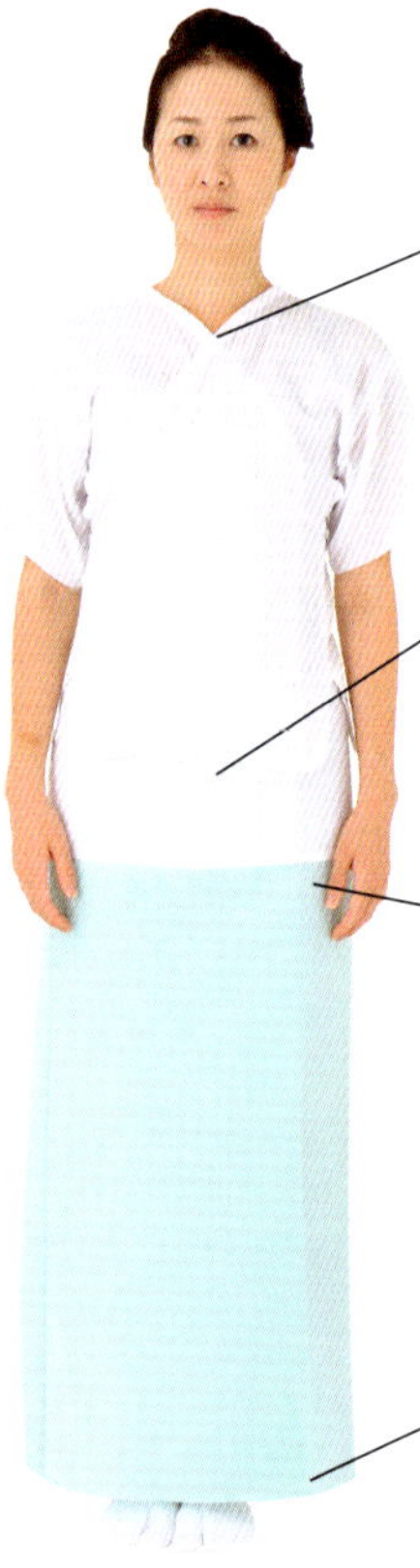

肌襦袢の衿元は鎖骨が隠れてしまっている

裾よけの紐が蝶々結びになっている

裾よけの下前の端が、左腰骨まで届いていない

足袋の上線が隠れてしまうほど裾よけが長い

肌襦袢の後ろ衿ぐりがまっすぐで抜けていない

裾よけのラインが腰から裾まで同じ太さになっている

足袋のコハゼが外れている

チェックリスト
□ 衿合わせ
□ 後ろ衿ぐり
□ 裾よけの紐
□ 下前の幅
□ 裾線の高さ
□ 裾よけのライン
□ 足袋のコハゼ

MEMO

{補正} 補正をすることできれいに

曲線が多い女性の体のライン。対して、着物は直線裁断のみで仕立てられた衣服です。そのため、曲線の体に直線の着物を着れば、しわやたるみができるのは当然です。しかし、胴体部分の曲線をなだらかにすることで、より着付けしやすく、美しい着姿にすることができます。また、ウエストに補正をすることで、腰紐などの締め付け感が軽減されるというメリットもあります。

POINT

補正をする位置

着物を着終わってからでは、補正の位置を変えることはできないので、この時点で正しい位置に巻くことが大切です。

ウエストとの位置関係

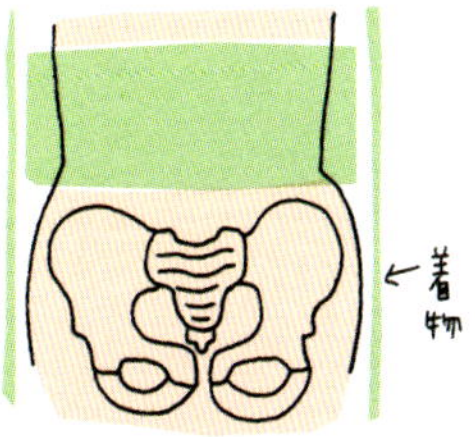

タオルの下線が骨盤の上側にくる位置に巻きます。

OK

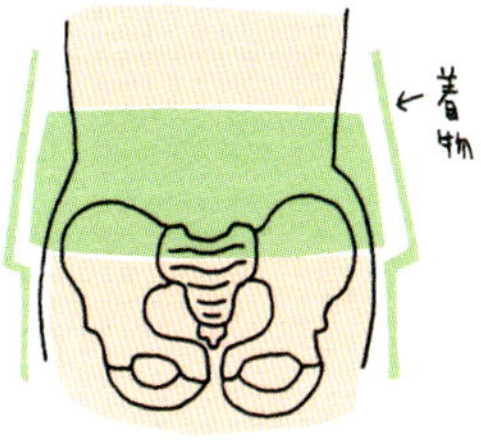

骨盤に重なるように巻くと、腰幅が広くなってしまうだけです。

NG

おしりとの位置関係

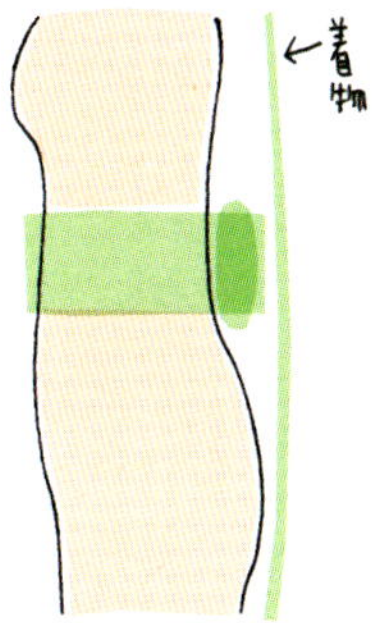

OK

タオルがおしりの上の背中のカーブにあたるように巻きます。

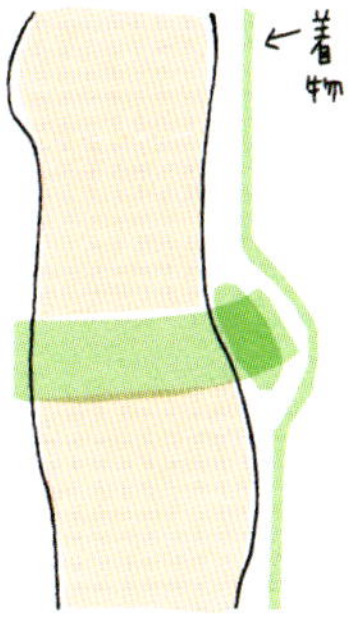

NG

おしりの上に重なるように巻くと、線がまっすぐにならず、おしりがさらに出てしまいます。

1

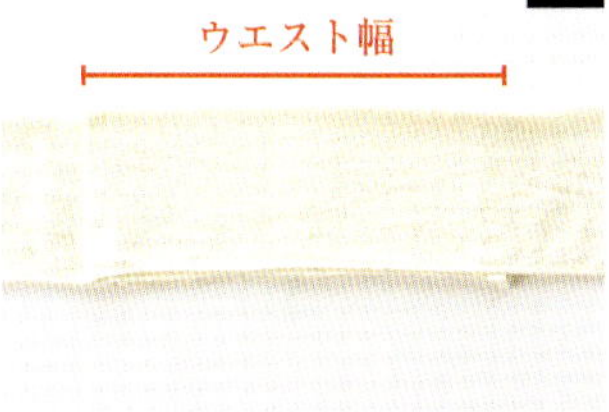

タオル2枚を幅半分に折り、自分のウエスト幅分を重ねます。

2

重ねたところ。

3

タオル1枚を、幅半分、さらに長さを4分の1に折り、②のタオルの真ん中に置きます。

4

1m強の長さに切った晒《さらし》(ガーゼ)を③に重ねて包むようにします。

5

中心がおしりの上の背中のカーブにあたるように、ウエストに巻いていきます（左イラスト参照）。

6

片方ずつウエストに巻き付けていき、最後は晒の端を上から挟み込みます。

STEP 4

長襦袢《ながじゅばん》を着る

1 衿先を持つ

長襦袢の両方の半衿先を合わせて片手（写真では右手）で持ったら、もう一方の手で、半衿の背中心を持ちます。

2 背中に回す

背中心を持ったほうの手を離し、体の右側に半円を描くように、前から後ろに持っていきます。そのあと、右手に左手を重ねて（両手で左右の衿を持つ）、体の後ろで両手をゆっくり広げます。

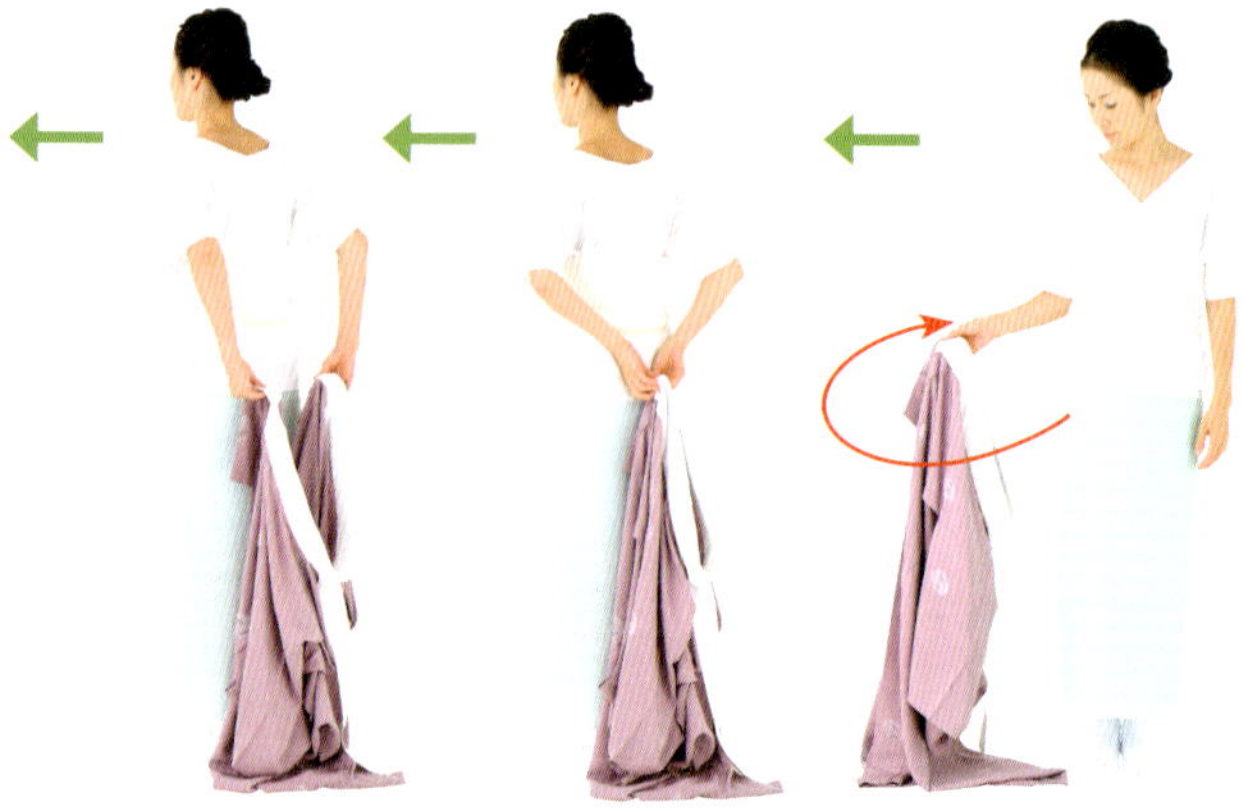

右手で持ちます。　後ろに回します。　ゆっくり広げます。

3 肩から羽織る

バッグを肩にかけるようにして、片方ずつ肩から羽織っていきます。このとき、ひじを上げないようにしましょう。ひじを上げると、肌襦袢《はだじゅばん》の脇や胸元にたるみができてしまいます。

ひじを上げないようにします。

4 袖を通す

長襦袢の衿を持ち、片方ずつ袖に手を通します。一方を通したら、反対側も同様に通しましょう。

5 両袖を引く

両袖を通したら、左右の袖口を持ちます。そのあと、左右両袖を交互に引いて、左右のバランスが同じになるように調節します。

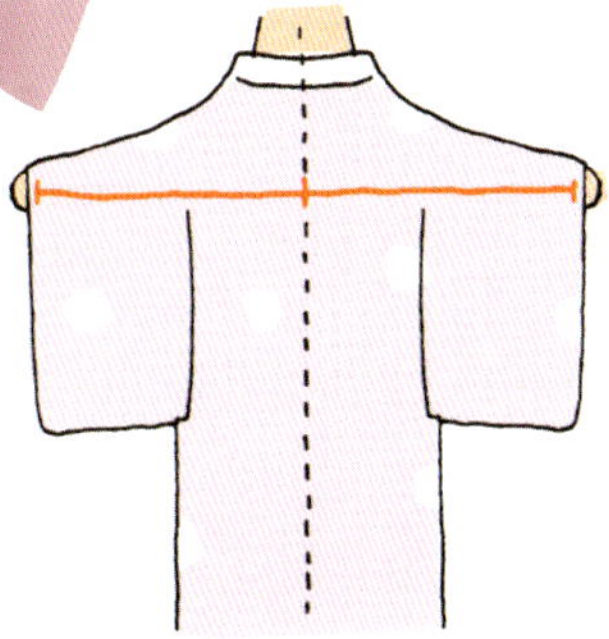

両袖を左右に引くことで、長襦袢の背中心が真ん中にきます。

6 衣紋《えもん》を抜く

左右の衿先を合わせて片手で持ち、もう片方の手で背中心を持ちます。一度、背中心をぐっと下へ引き、そのあと、衣紋が首筋からこぶしひとつ分くらい抜けるところまで戻します。

これだと、首筋と後ろ衿がほとんど離れていません。

首筋からこぶしひとつ分くらい、後ろ衿を離します。

7 衿を合わせる

長襦袢の衿を、右（下前《したまえ》）、左（上前《うわまえ》）の順に合わせます。このとき、胸の上で山を描くように、衿で胸を包み込むように合わせるのがポイント。胸がしっかり包まれていないと、着崩れの原因になります。

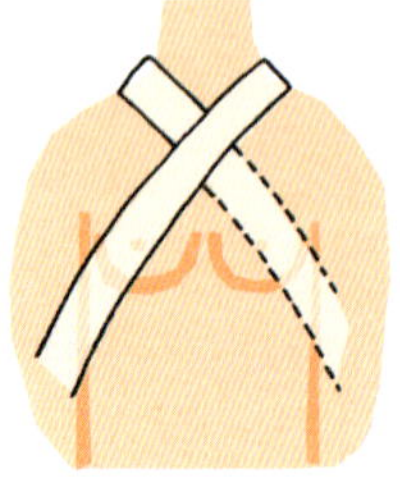

OK

衿で胸を包むように合わせます。

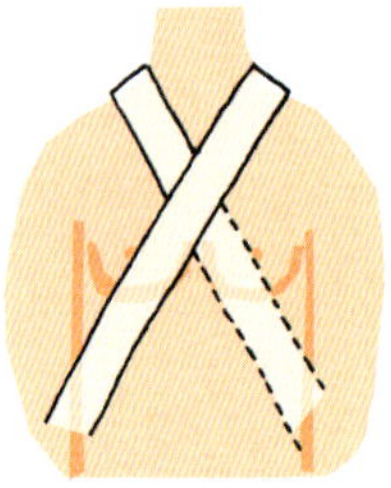

衿で胸が包まれていません。

NG

8 衿を整える

上前を重ねたら右手を引いて、右のアンダーバストで上前の衿を持ちます。そのあと、左手を左の身八《みや》つ口《くち》から入れて右手と同じ高さで下前の衿を持ち、そのまま両衿を左右にギュッと引きます。

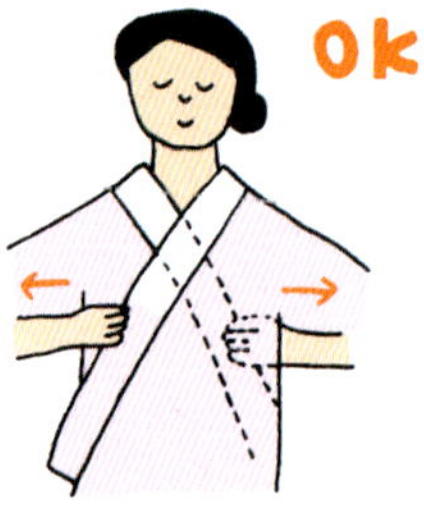

左右に引くことで、衣紋の位置がそのまま保てます。

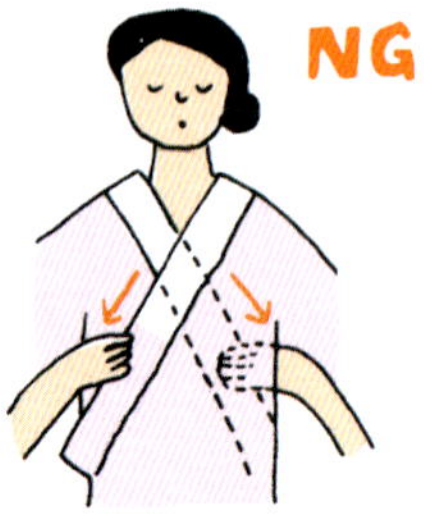

下に引いてしまうと、衣紋が詰まってしまいます。

9 伊達締《だてじ》めをあてる

左手を抜き、左手全体でアンダーバストを押さえます。次に、右手で伊達締めの中心を持ち、右のアンダーバストにあてます。このとき、伊達締めを手のひらで持ち、指先を下に向けてあてるのがコツ。そのあと、左手で伊達締めの上線を持ち、体に沿わせて左脇に持っていきます。

右手はそのままで、アンダーバストの位置で左脇まで持ってきます。

左脇に持っていくとき、伊達締めが下がってしまうとよくありません。

全体的に伊達締めの位置が低すぎます。おへその高さではNGです。

10 後ろに回して交差させる

伊達締めを後ろで交差させ、重なりの片側を折り上げます。そのあと、両脇でギュッと締め、ひと呼吸します。このとき、脇を閉じぎみにし、やや下方向に締めるとよいでしょう。上方向に締めると、胸元が崩れやすくなります。

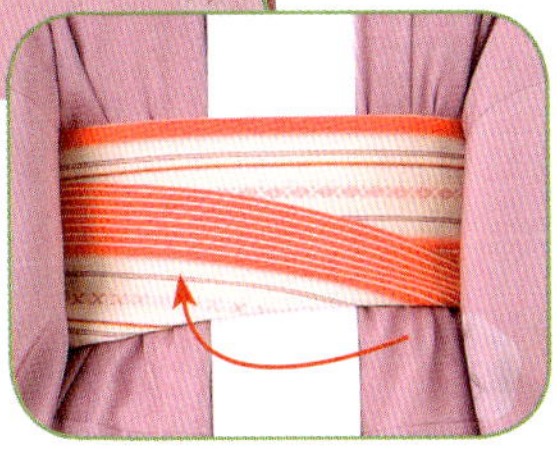

後ろで折り上げます。

OK

脇を閉じ、やや下方向に締めるのがポイントです。

NG

締めるとき、腕を上げてしまうと、胸元が崩れる原因になります。

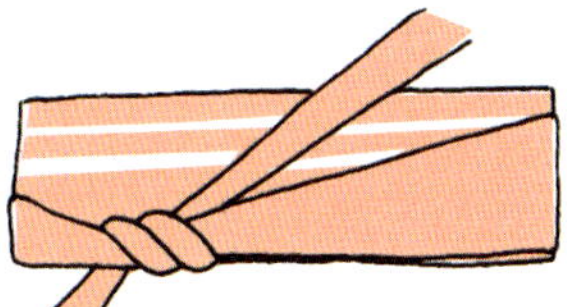

伊達締めのからげた部分は、下線に揃えます。

11 伊達締めをとめる

両脇で伊達締めを締めたら、ゆるまないように気をつけて前に持ってきます。そのあと、前で2回からげて左右反対方向へ交差させ、端は両脇の伊達締めに引っかけておきます。

伊達締めの締め方

伊達締めを蝶結びなどで結ぶと、結び目が体に食い込んで、痛くなってしまうこともあります。結び目を作らないようにからげるだけにします。

伊達締めの下線で、2回からげます。

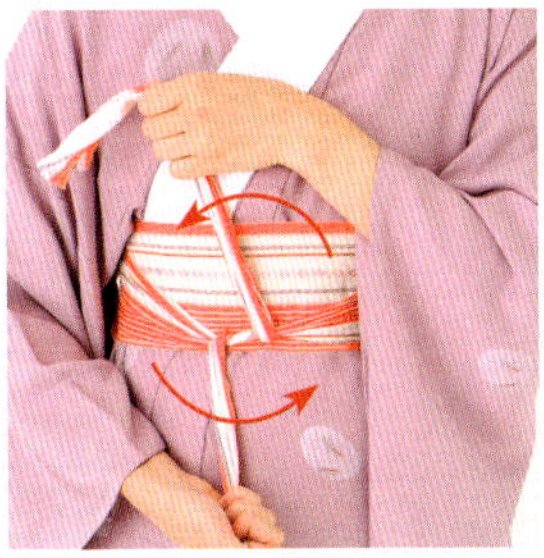

左右反対方向に交差させます。

端は両脇の伊達締めに引っかけます。

12 背中のしわをとる

伊達締めを締めたら、あとはしわをとって完成です。まず、衣紋抜《えもんぬ》きがついている場合は、最初に引いておきます。次に、伊達締めの下で、衣紋抜きの両側の長襦袢の生地を両手で引きます。そのあと、親指を伊達締めの下線に挟み、後ろのたるみを脇に持っていくことで、背中心のしわをとることができます。

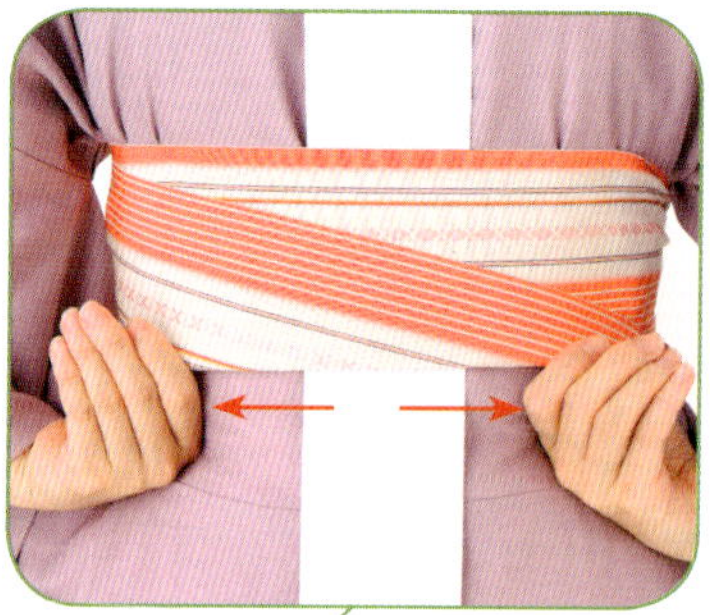

親指を伊達締めの下線に挟み、後ろのたるみを脇に持っていきます。

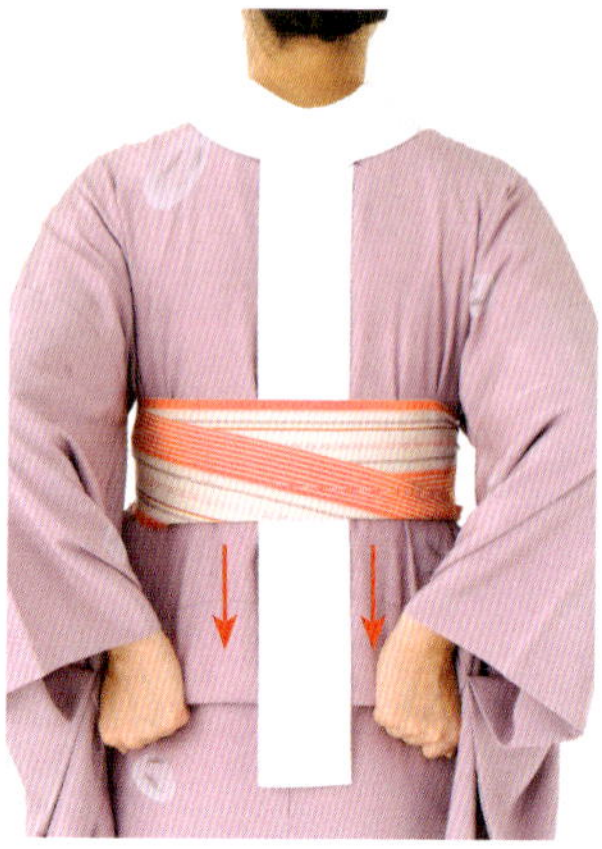

衣紋抜きの両側の生地を、両手で下へ引きます。

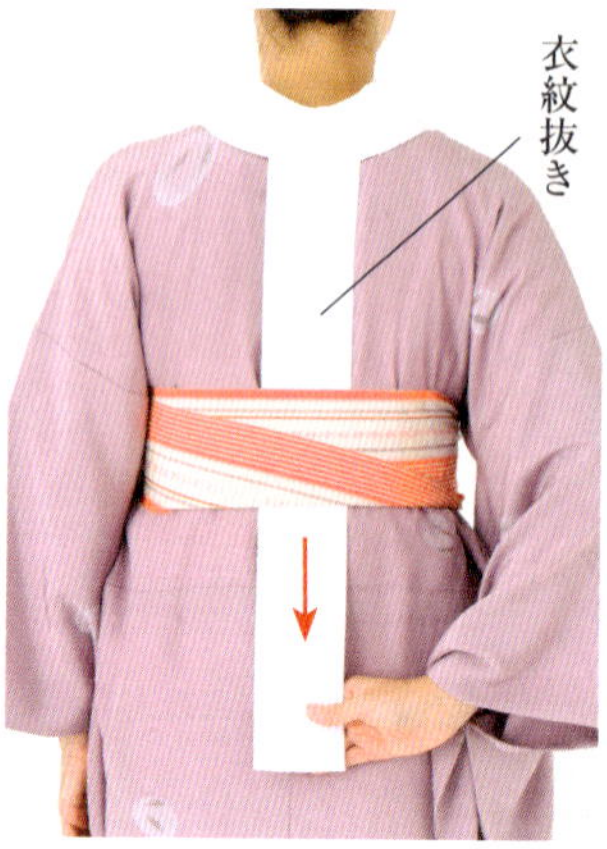

衣紋抜きがついている場合は、下へ引っ張ります。

13 脇にゆとりを作る

手を楽に上げられるように、脇にゆとりを持たせます。まず、袖付けから内側の身頃に指4本をあて、ゆとりの長さの目安をつけます。そのあと、伊達締めの下の長襦袢を引き、たるみを調節しましょう。もう一方の脇も同様にします。

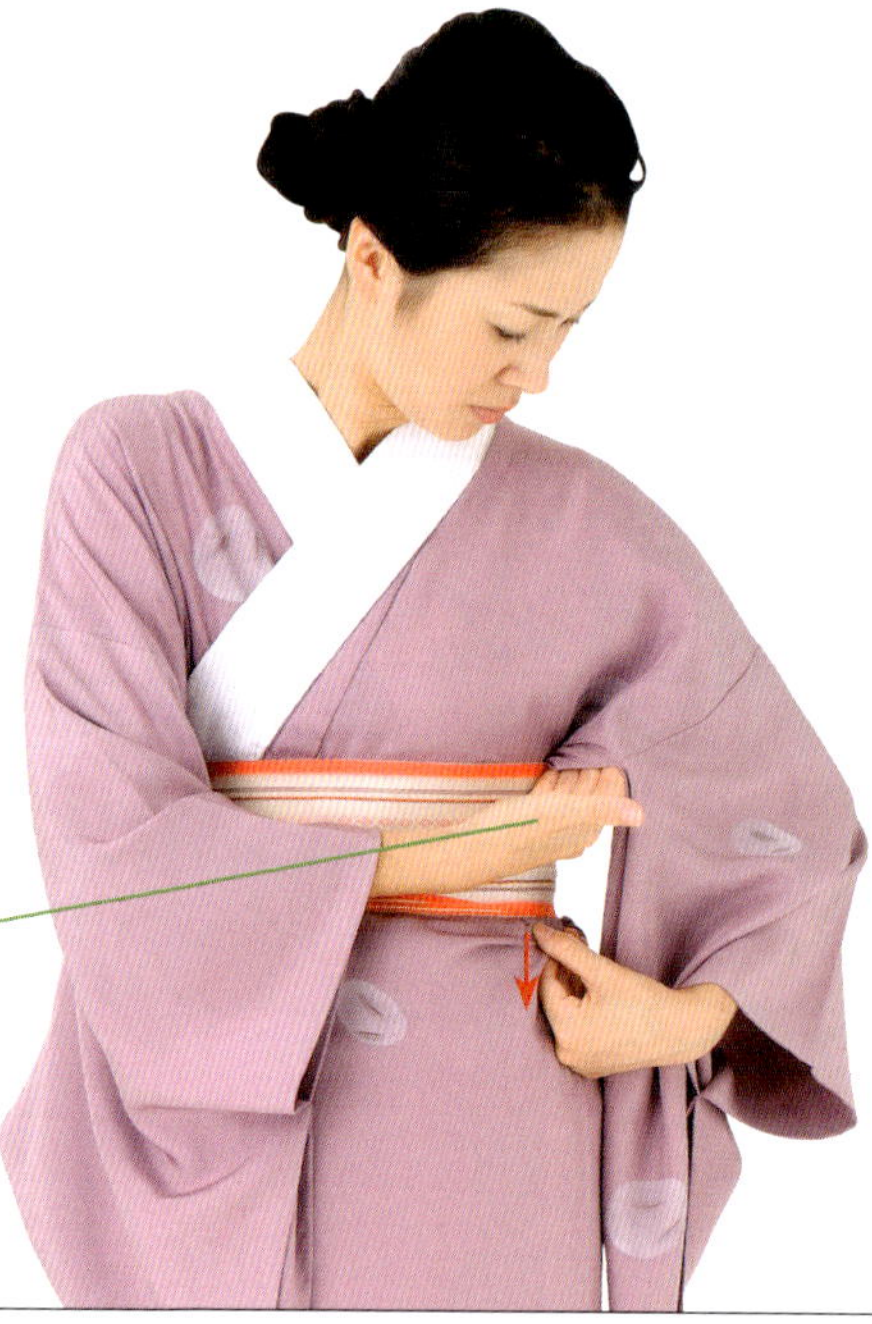

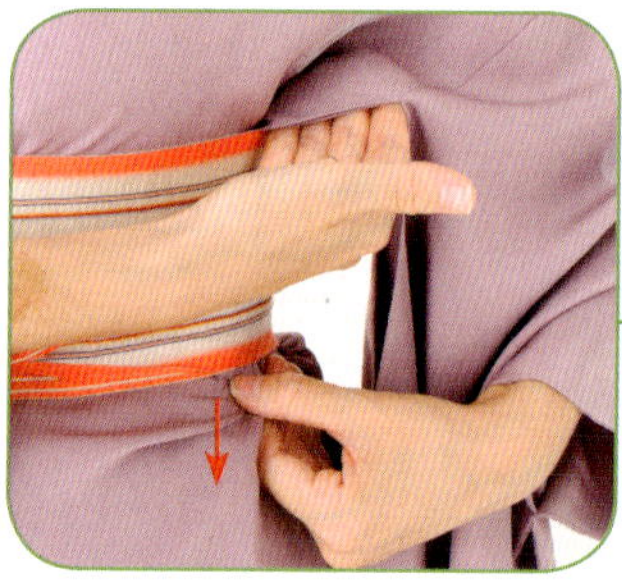

脇のたるみは、袖付けから指4本分を目安に。

長襦袢

完成 *finish*

OK

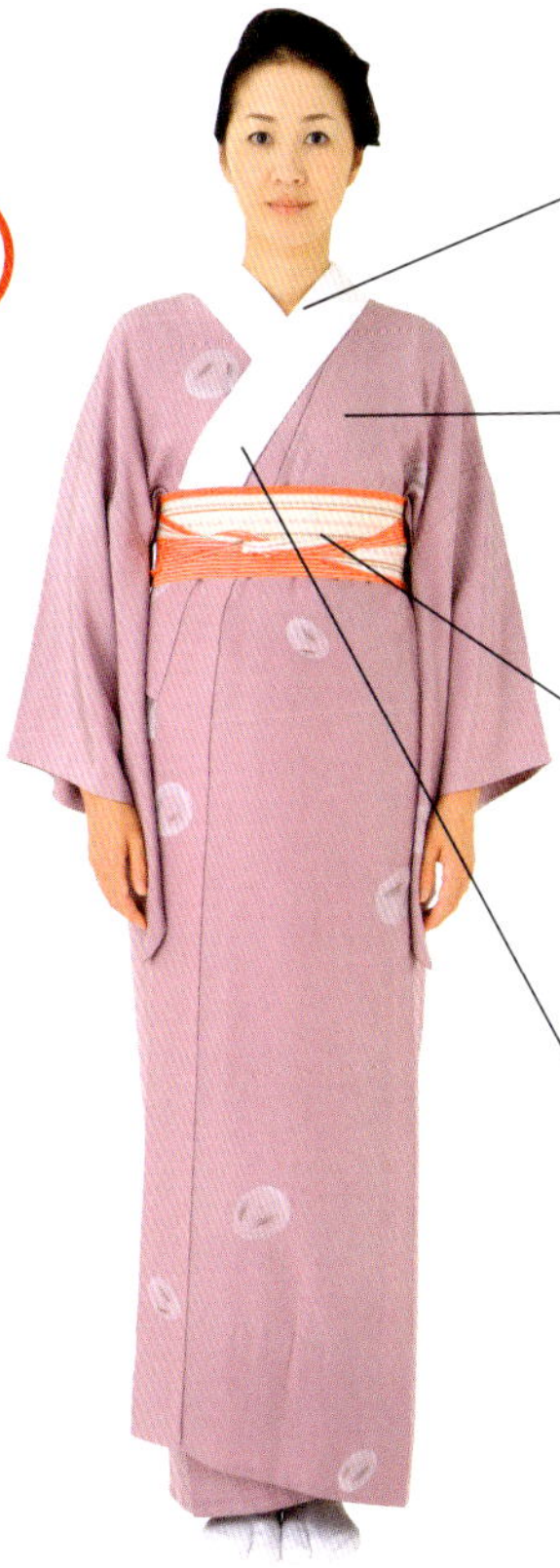

衿が首に隙間なく密着している

胸元にたるみやしわがない

伊達締めはアンダーバストの位置にある

衿が胸元を包むように合わさっている

衣紋はこぶしひとつ分くらい抜けている

背中にたるみやしわがない

NG

衿と首の間に隙間がある

胸元にたるみやしわがある

伊達締めがおへそのすぐ上にある

両胸が衿で包まれていない

衣紋が首からほとんど離れていない

背中にたるみやしわがある

チェックリスト
□ 衣紋
□ 衿合わせ
□ 胸元
□ 背中
□ 伊達締め

STEP 5

着物を着る

start

1 掛け衿を持つ

2 背中に回す

3 肩から羽織る

手を高く上げすぎないように

7 おしりに密着させる

8 上前《うわまえ》の幅を決める

9 下前《したまえ》を巻き込む

10 上前を重ねる

15 衿合わせを整える

16 下前の衿を整える

半衿の出し方は控えめに

17 下前のおはしょりを上げる

18 上前の衿を整える

4 袖を通す

5 両袖を引く

6 後ろ裾丈を決める

徐々に裾を下ろして〜

11 腰紐をあてる

12 後ろで交差させる

結び目の近くを持ってギュッと

13 前で結ぶ

14 おはしょりを整える

まず後ろのおはしょりから

19 腰紐を結ぶ

20 背中のしわをとる

21 伊達《だて》締《じ》めを締める

22 脇にゆとりを作る

お疲れさまでした！

finish

1 掛け衿を持つ

着物の内側を手前に向けて開き、両手で着物の掛け衿を持ちます。

2 背中に回す

掛け衿を一度合わせてから片手で持ちます。そのあと、体の右側から着物を背中に回し、再び両手で左右の衿を持ちます。次に、衿をそのまま広げます。

掛け衿を一度合わせて持ちます。

後ろに回し、左右の衿を持ちます。

3 肩から羽織る

着物を片方ずつ肩から羽織ります。このとき、ひじを上げたり、手を高くしたりすると、長襦袢《ながじゅばん》の胸元が崩れるので注意しましょう。先に羽織ったほうの手の位置にも注意します。

ひじを上げたり、手を高くしたりしないように。

先に羽織ったほうの手を下に引いてしまうと、長襦袢の衿元が崩れてしまいます。

先に羽織ったほうは、位置を動かさないでいることが大切です。

4 袖を通す

着物を羽織ったら、左手で下前の衿元を持ち、右手で長襦袢のたもとを持ちながら、着物の袖に手を通します。反対側も同様に袖を通しましょう。

長襦袢のたもとを持ってから、着物の袖に通します。

5 両袖を引く

両方の袖口を持ったら、左右に交互に引きます。袖を左右に引くことで、バランスが同じになり、着物の背中心が体の真ん中にきます。そのあと、袖の振りから手を入れて、着物と長襦袢の袖がきれいに重なるように整えます。もう片方も同様に。

袖の振りから手を入れ、たもとを合わせます。

6 後ろ裾丈を決める

両衿の衿先からひと手幅分のところを片手で持ち、もう片方の手は、前方の手と同じ高さの背中心を持ちます。そのあと、いったん体から離して持ち上げてから、裾が床と平行になるように、床すれすれまで徐々に下ろします。

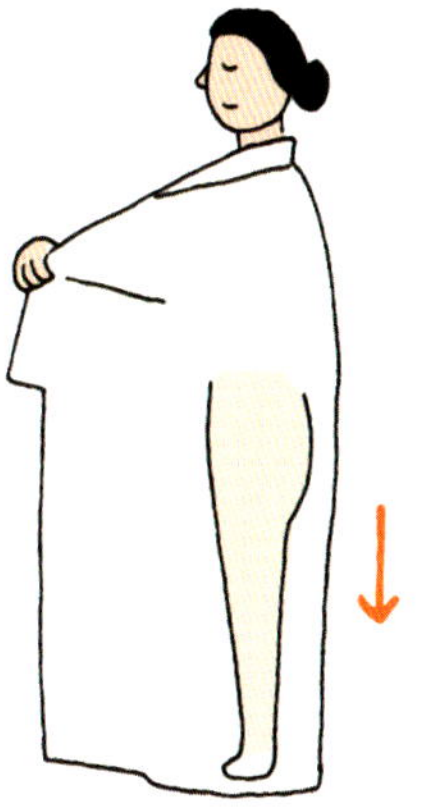

このとき、着物はまだ完全にはおしりに密着していません。

7 おしりに密着させる

裾線を決めたら、そのまま平行に前へ引きます。着物をおしりに密着させたら後ろの手を離し、衿先を両手に振り分けて持ちます。

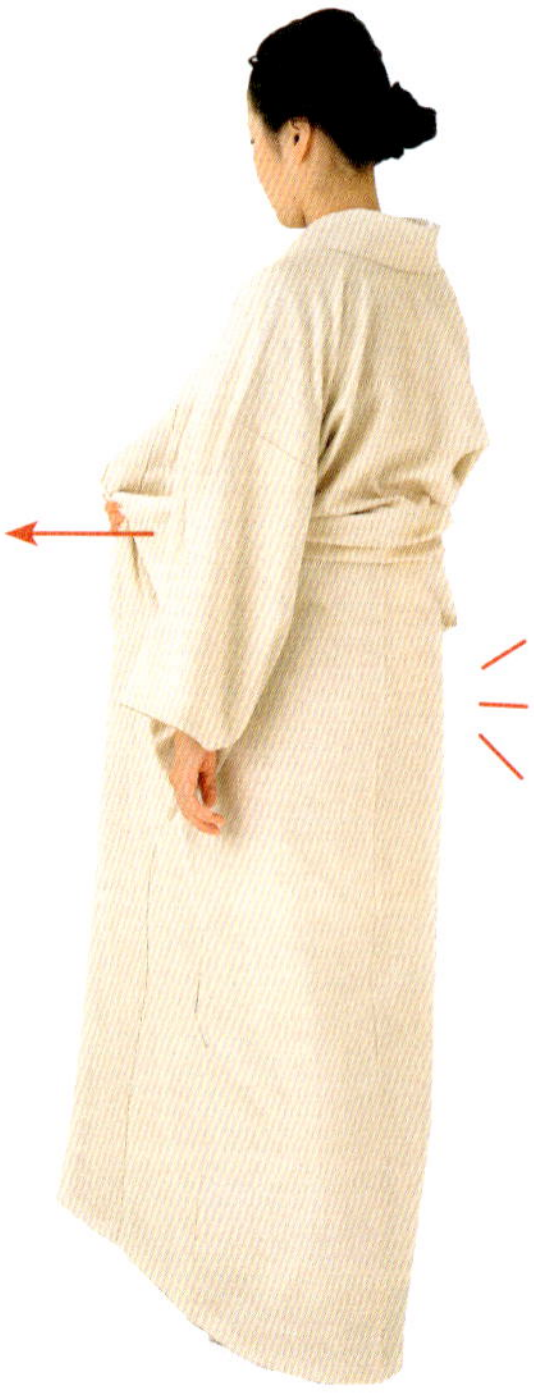

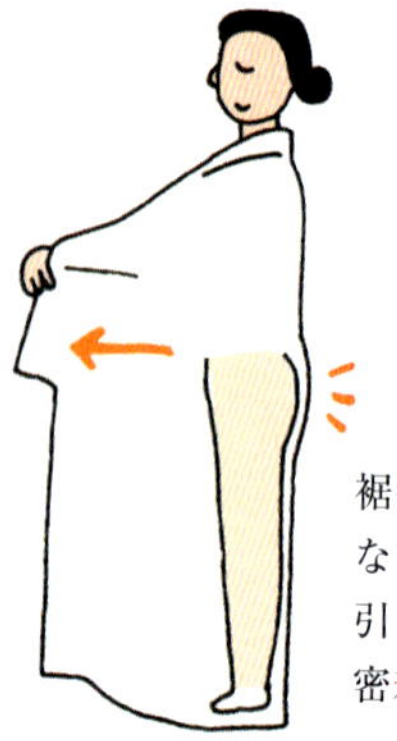

裾の高さを変えないように前へ引き、おしりに密着させます。

8 上前の幅を決める

上前の端が右腰骨まで届くように、上前の幅を調節します。このときのポイントは、着物をおしりに密着させたまま、左右にスライドさせること。おしりから離すと、裾線が変わってしまいます。また、持つ位置にも注意しましょう。上前の衿先から手のひらひとつ分あたりを持ちます。

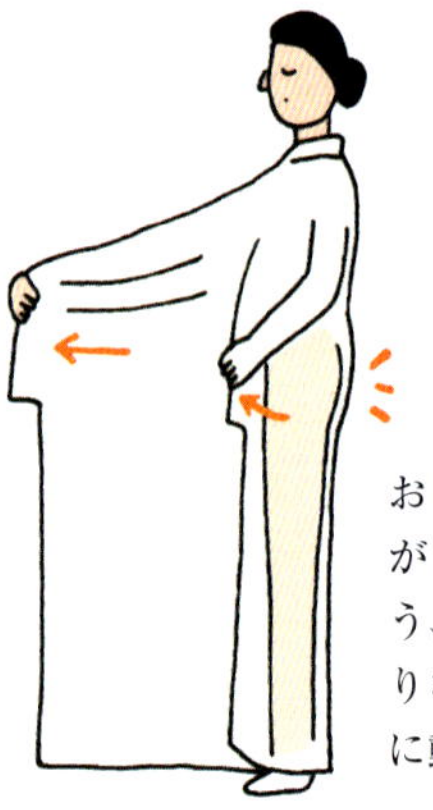

おしりから着物が離れないよう、前に引っ張りながら、左右に動かします。

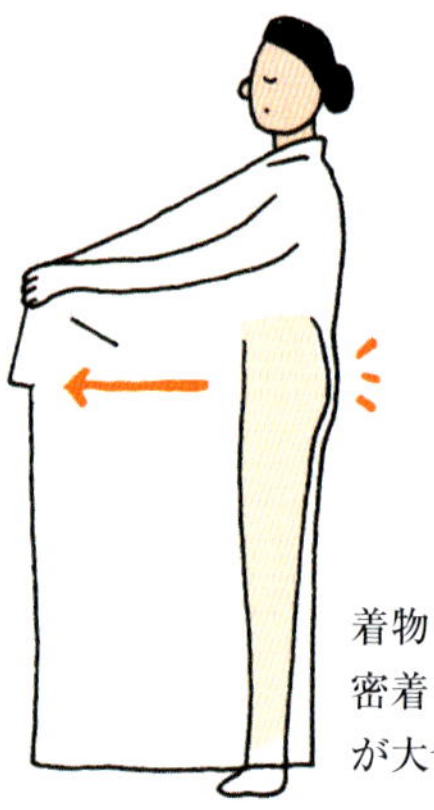

着物をおしりに密着させることが大切です。

手の位置が高いと、着物をおしりにしっかり沿わせられず、うまく調節できなくなります。

上前の幅が狭すぎます。

上前の幅が広すぎます。

9 下前を巻き込む

いったん上前を開き、下前の褄先《つまさき》が床から離れないよう、体に沿わせてゆっくり巻き込みます。下前が左腰骨についたら、褄先を10cmほど上げて入れ込みます。このとき、左脇で生地が余っていれば、左腰骨のあたりで衿先を折り返しておきましょう。下前の裾がちょうど三角になるのが正しい形です。

生地が余っていたら、下前の裾が三角になるよう、折り返しておきます。

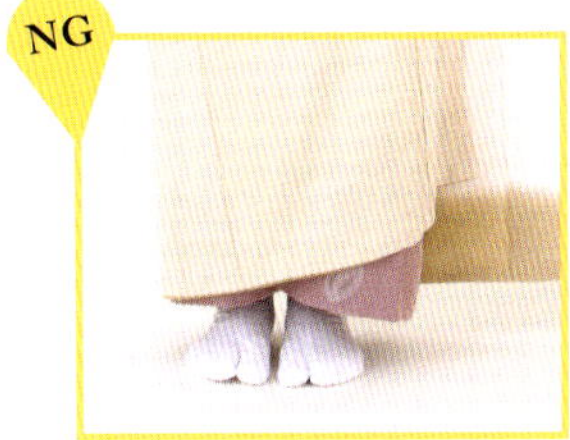

裾線が床から離れ、浮いてしまっています。

10 上前を重ねる

下前と同様に、上前の褄先が床から離れないように体に沿わせ、巻き付けます。上前が右腰骨についたら、褄先を5cmほど上げ、右手で押さえます。そのあと、左手でおなかのしわを右下から左上になで上げます。

体に巻き付ける前に、すでに裾が床から浮いているのはNGです。

体に巻き付けるまでは、褄先で床をなでるように持ってきます。

左手でおなかのしわを右下から左上になでます。

11 腰紐をあてる

右腰骨の少し上に腰紐の中心をあてたら右手で押さえ、おへそのあたりを通り、左の腰骨まで左手で持っていきます。

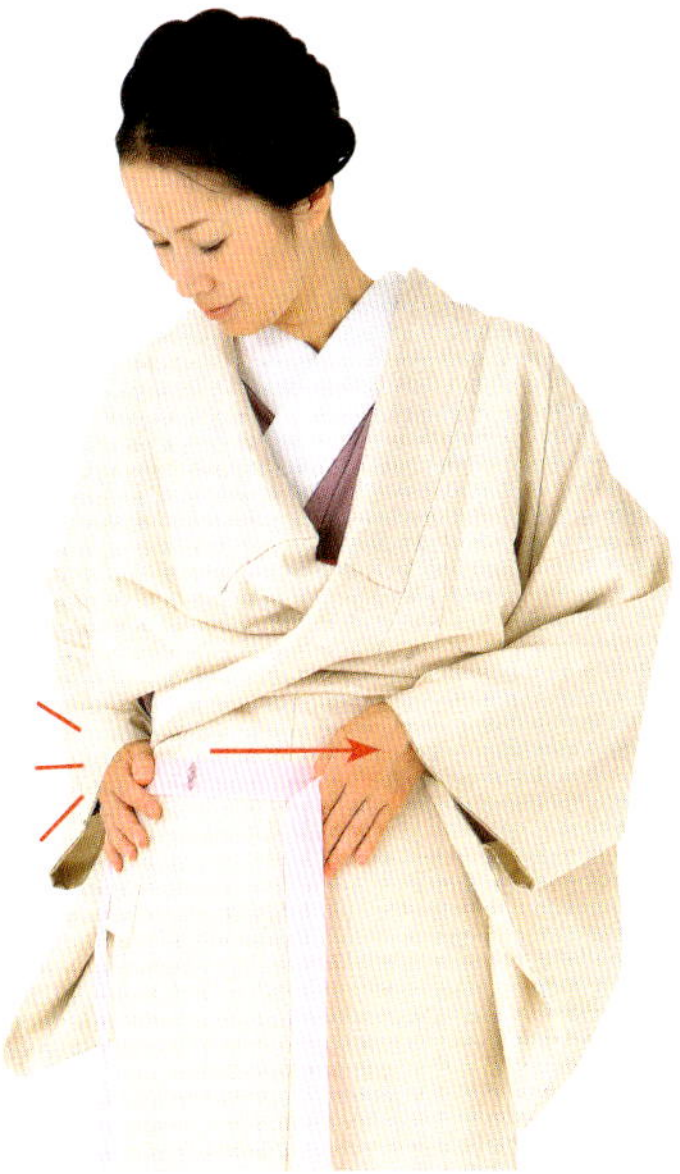

MEMO

{ 腰紐 }

腰紐の結び方ひとつで楽に

腰紐の結び方を覚えましょう。２回からげて片輪結《かたわなむす》び（輪が片方だけの結び方）にします。

＊写真は自分が結ぶときの、上から見た目線になっています。

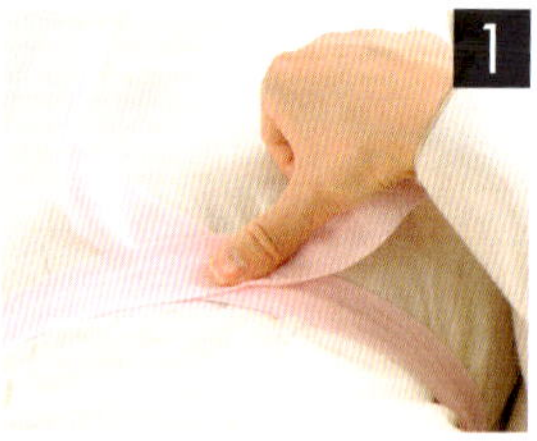

右側を下、左側を上に重ね、親指で押さえます。

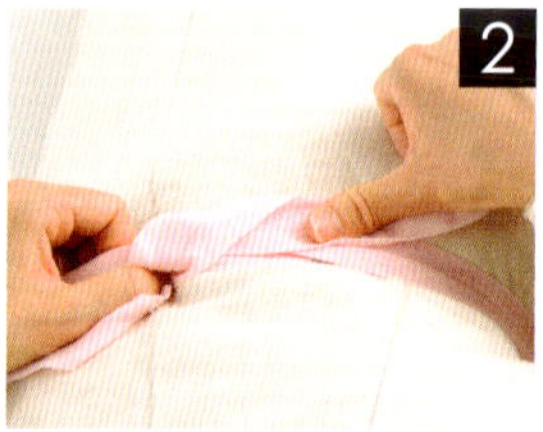

下側の腰紐を、１巻き目と着物の間に上から通します。

引き抜きます。

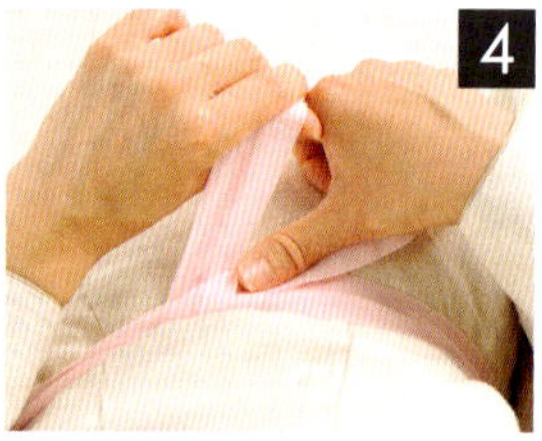

このとき、下に引き抜くのではなく、右側に引き抜きます。

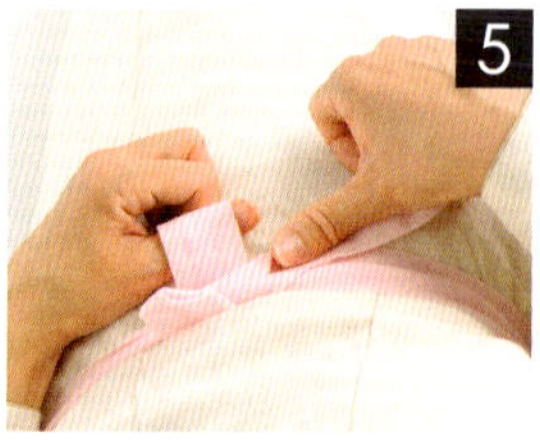

もう一度、通していきます。

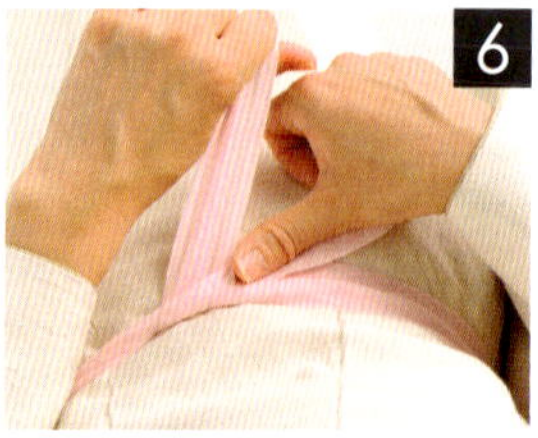

④と同じように、右側に引き抜きます。

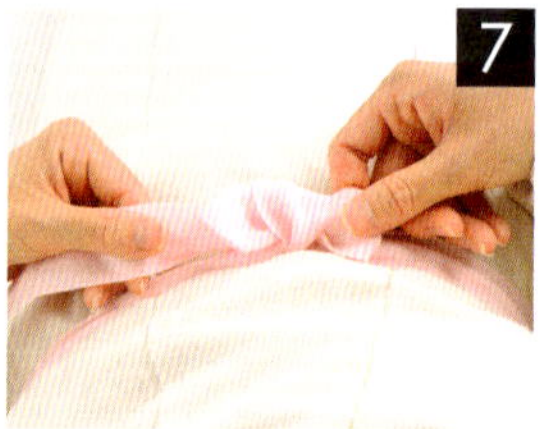

片輪結びをします。

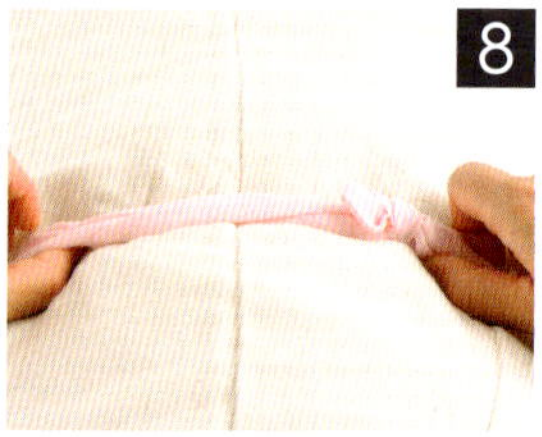

余った腰紐は、胴に巻いた腰紐に挟んでおきます。

POINT

腰紐は面で結ぶ

腰紐は面で結ぶと体の締め付け感が少なくなります。細くなっていたら、事前にアイロンをかけましょう。

○

×

POINT

２巻き目に締めるのはＮＧ

腰紐は締める順番が大切。後ろで交差する１巻き目に、背中でしっかり締めるのが正解です。背中で締めずにそのまま前に持ってきて、２巻き目で締めようとしても、１巻き目はゆるんだままで、うまく締まりません。

12 後ろで交差させる

両手を同時に後ろに回し、やや後ろ上がりになるよう腰紐を交差させ、しっかり締めます。このとき、交差させた部分の近くを持って締めるのがポイント。離れたところを持つと、うまく締まりません。

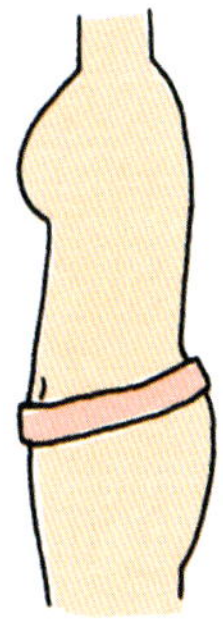

腰紐はやや後ろ上がりになるように交差させます。

交差させた部分から離れた場所を持つと、うまく締まりません。

13 前で結ぶ

腰紐を前に持ってきて、右腰骨のあたりで2回からげて片輪結びにします。余った紐は、巻いた腰紐に挟み込んでおきます。

後ろ、前の順に、おはしょりを整えます。

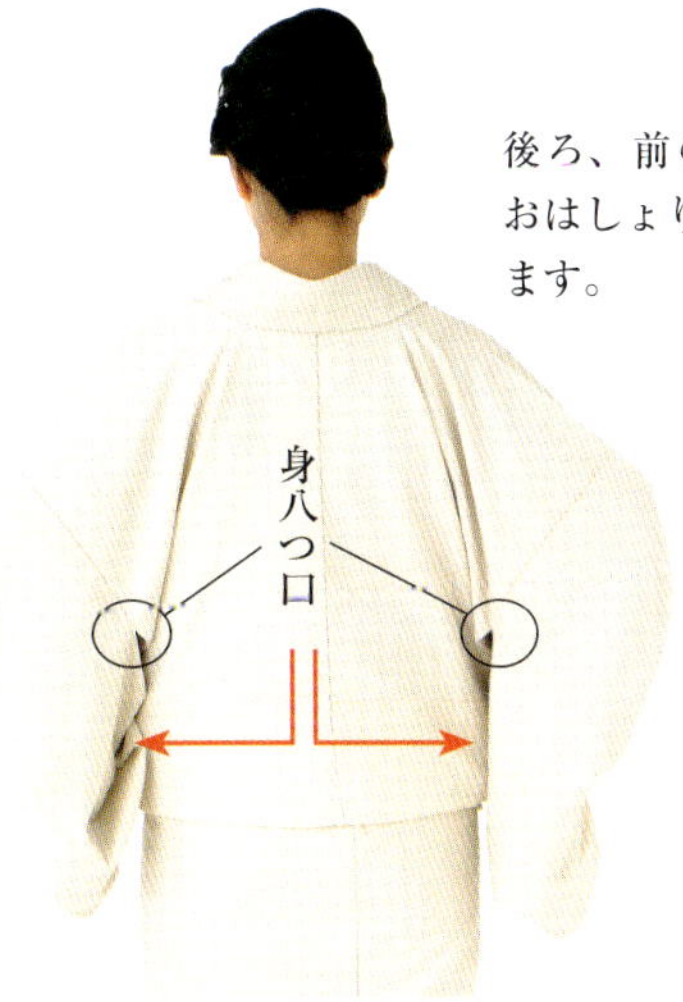

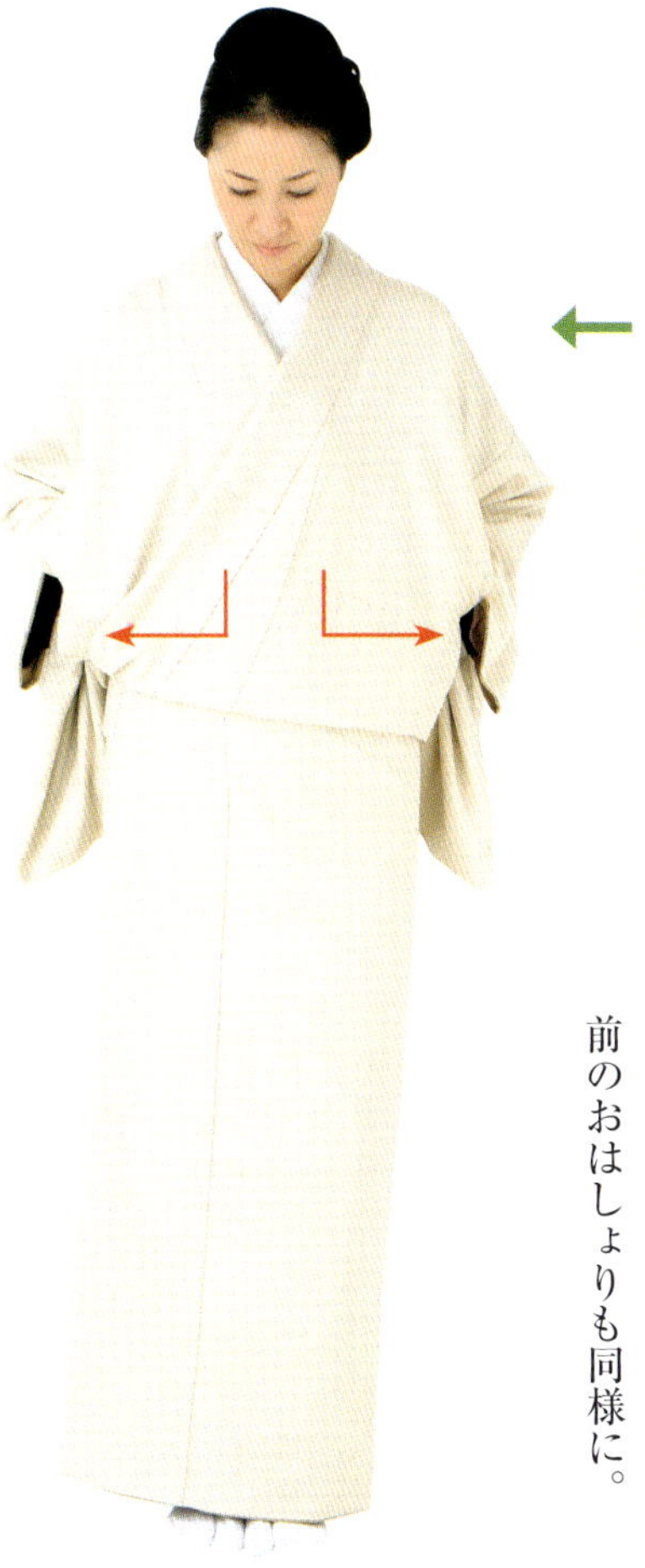

14 おはしょりを整える

両手を身八《みや》つ口《くち》から入れて背中へ回し、後ろのおはしょりを整えます。まず、一度背中心近くに両手を置き、グッと下ろします。そのまま左右にスライドさせると、きれいになります。前のおはしょりも同様に。

15 衿合わせを整える

右手で上前、左手で下前の衿を持って衿合わせを整えます。このとき、首元からおはしょりまでを3回に分け、左右に引いて合わせるのがポイントです。

左右に引いて前を合わせます。

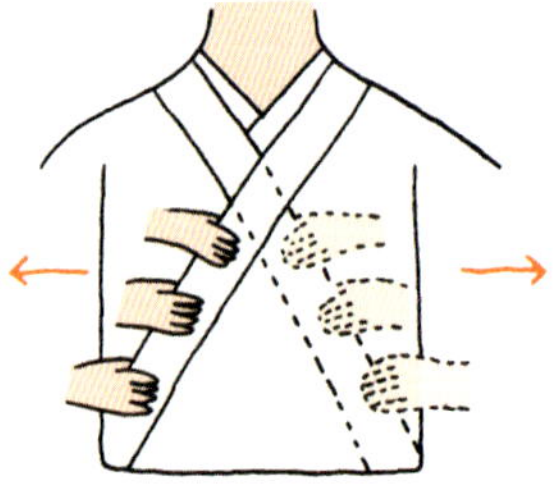

手をずらしながら、3回に分けて左右に引きます。

16 下前の衿を整える

左手は身八つ口から入れて下前の掛け衿を持ち、右手で掛け衿の衿幅を3分の2残して折ります。左手はそのままで、右手で下前の衿幅を下から上へと整えます。また、半衿が着物より5㎜控えるように調整を。

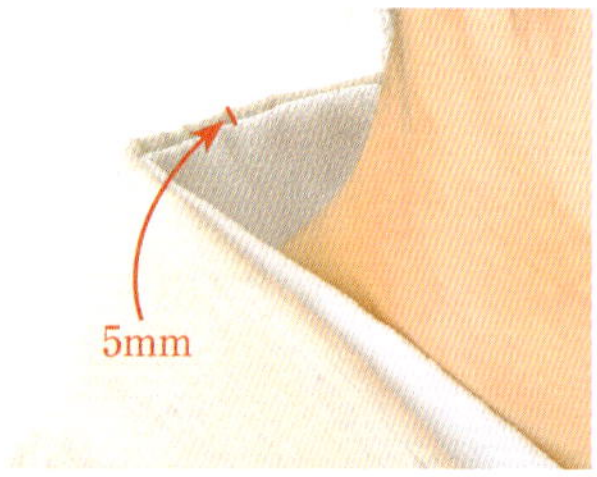

半衿が着物より5㎜ほど控えるように、高さを揃えます。

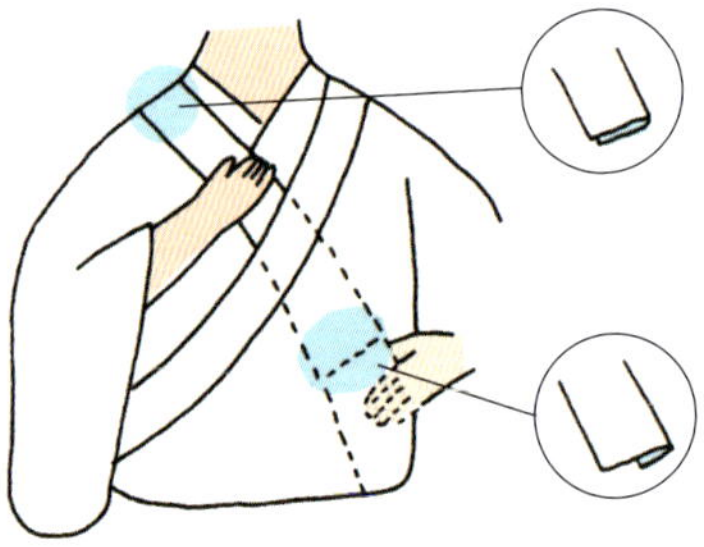

下のほうの掛け衿は3分の2の幅に、耳横の衿は半分に折ります。

17 下前のおはしょりを上げる

両手をおへその高さまで下ろしたら、下前のおはしょりを内側に折り上げます。左手は下前の衿を持ったまま、右手で下前のおはしょりを自然に斜めに折り上げましょう。下前を折り上げることで、帯を結んだあとのおはしょりが上前1枚だけになります。

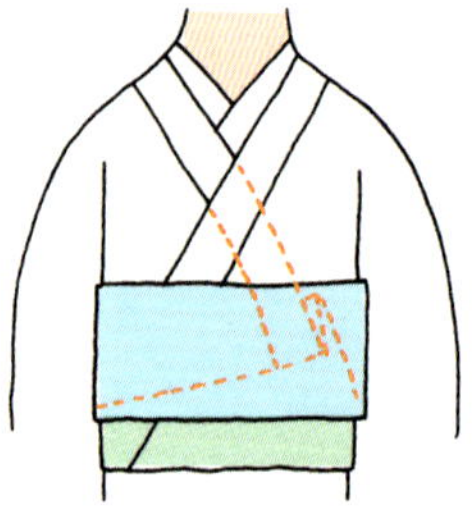

おはしょりをすっきりさせるため、上前1枚だけに。

18 上前の衿を整える

左手は下前の衿を持ったまま、右手で上前の衿幅を下前と同様に折っていきます。そのあと、たるみが出ないよう、耳の下あたりから、ゆっくり下に引いていき、左手と同じ高さで押さえます。次に、左手を抜き、左の腕から手のひらを使って、右手で押さえていた位置を、再び押さえます。

半衿の幅と着物の衿幅が、左右対称になっているかチェックします。

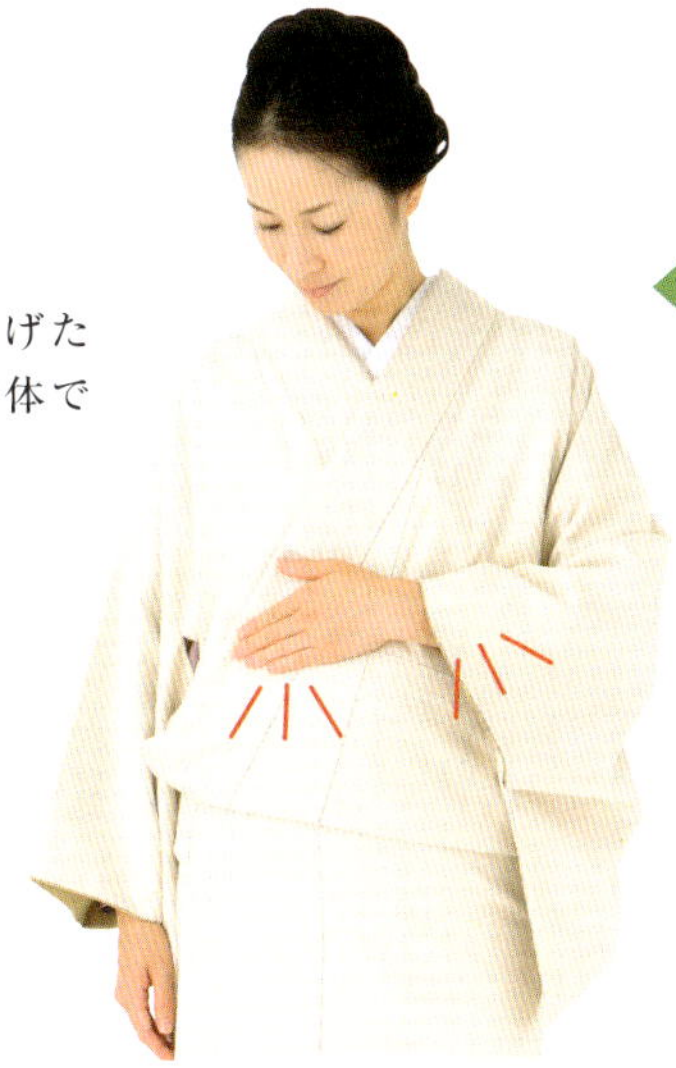

下前の折り上げた部分を左手全体で押さえます。

19 腰紐を結ぶ

右手で腰紐の中心を持ち、おへそより5cmほど上に腰紐をあてます。ここにあてることで、下前の折り上げた部分を固定できます。次に、腰紐を背中で交差させたら、前で2回からげます。あとは、左右に振り分けて、余った紐を挟み込んでおきます。

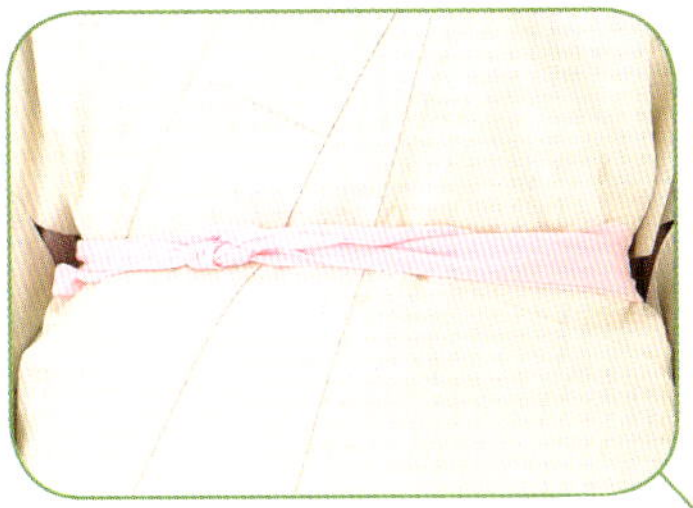

腰紐の結び目が肌に食い込んで痛むのを防ぐため、結び目を作らず、からげます。

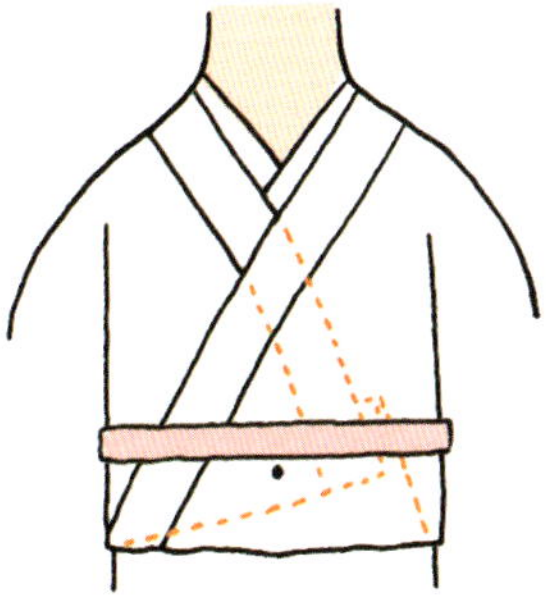

下前の折り上げた部分を腰紐で押さえます。

20 背中のしわをとる

指を腰紐の両端に挟み込み、後ろのたるみを脇に持っていくことで、背中のしわをとります。そのあと、おはしょりが長いときは、余分な部分を持ち上げておきます。

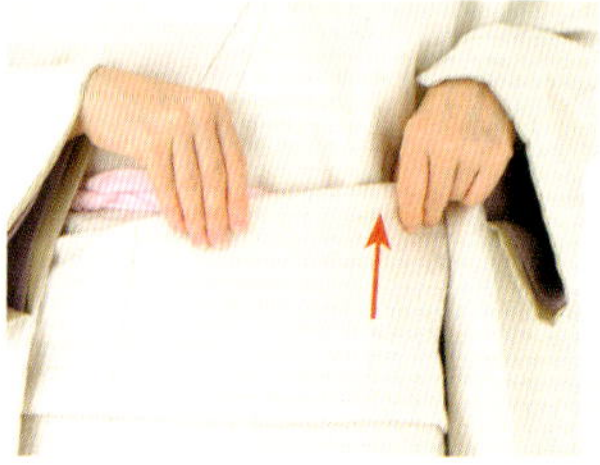

おはしょりが長いときは、下線が水平になるように持ち上げます。

21 伊達締めを締める

伊達締めの下線が帯の下線の位置（おへそのすぐ上）にくるように伊達締めをあて、長襦袢と同様に締めます（P23参照）。なお、伊達締めを締める位置は、着物と長襦袢で異なります。

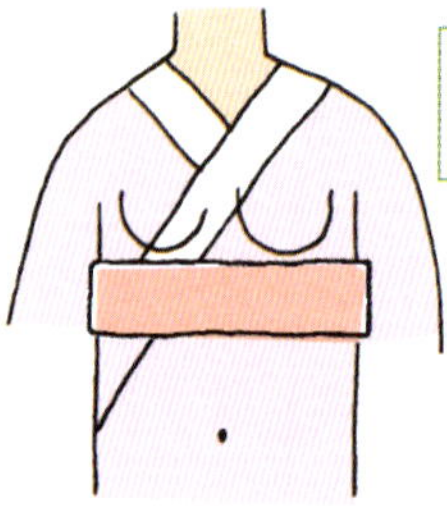

長襦袢のときは、アンダーバストで伊達締めを締めます。

着物のときは、伊達締めの下線がおへそのすぐ上にくるように締めます。

22 脇にゆとりを作る

手を楽に上げられるように、脇にゆとりを持たせます。まず、袖付けから内側の身頃に指4本をあて、ゆとりの長さの目安をつけます。伊達締めの下の着物を引き、たるみを調節しましょう。もう一方の脇も同様にします。

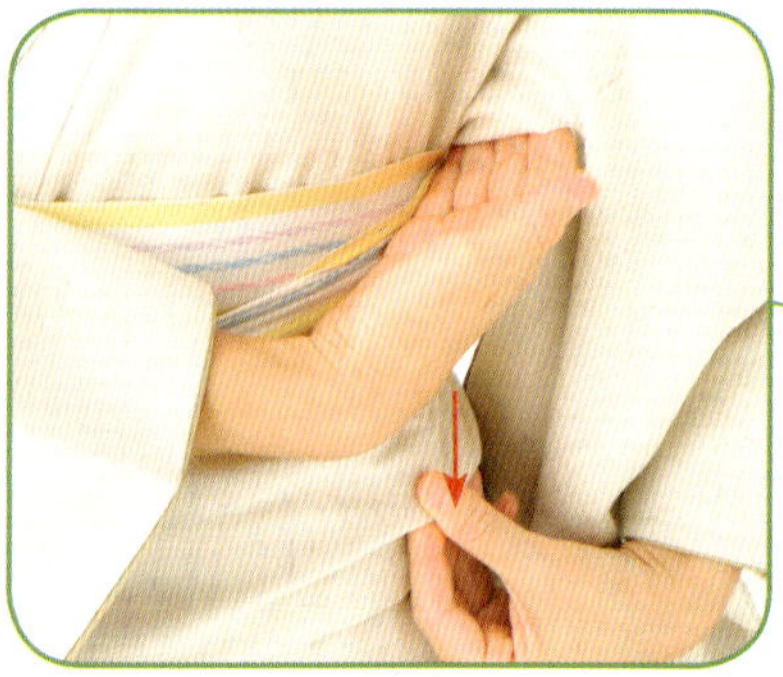

脇のたるみは、袖付けから指4本分を目安にします。

着物 完成 *finish*

OK

着物の衿より長襦袢の衿が5㎜ほど控えている

背中にしわやたるみがない

裾つぼまりになっている

裾は床すれすれの高さ

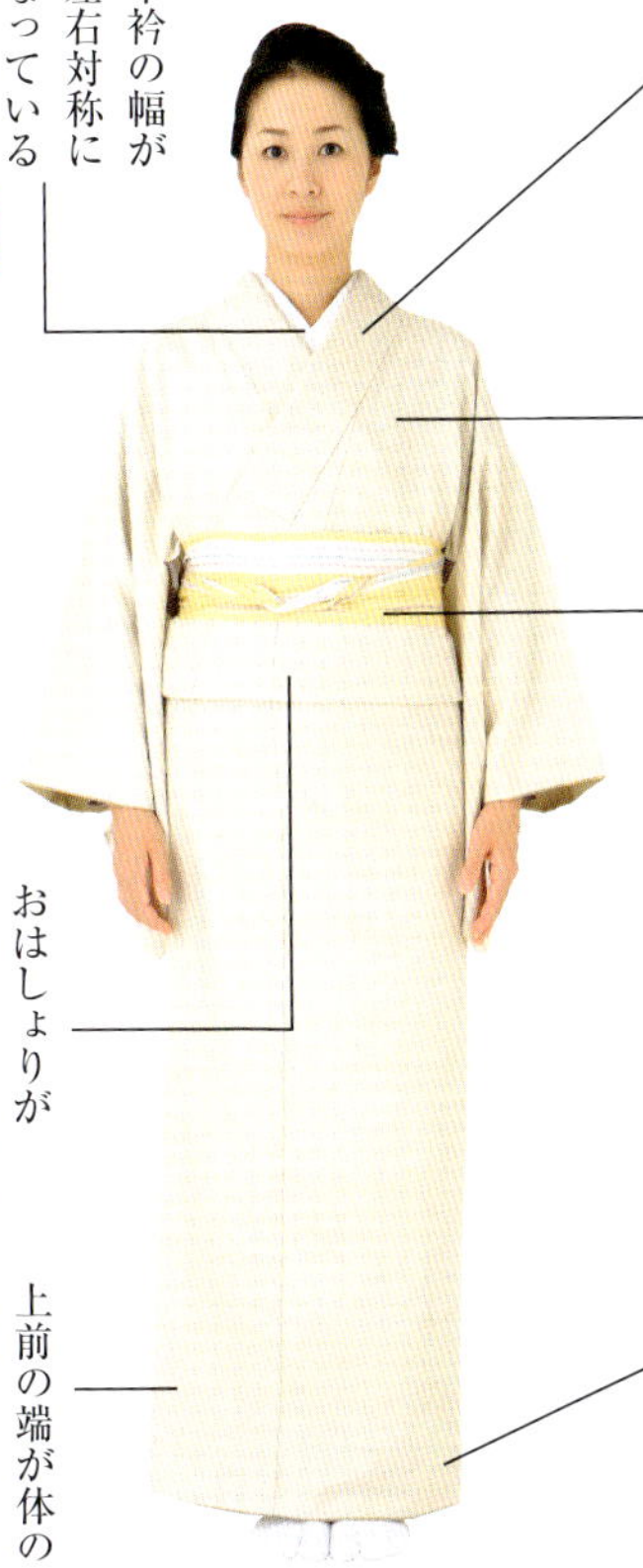

衿にゆるみや浮きがない

半衿の幅が左右対称になっている

胸元にしわやたるみがない

伊達締めの下線がおへそのすぐ上の位置にある

おはしょりがすっきりしている

上前の裾から下前の裾がのぞいていない

上前の端が体の右側にきている

NG

着物の衿から長襦袢の衿が見えている

背中にしわやたるみがある

腰から裾にかけて同じ横幅になっている

裾が床から離れてしまっている

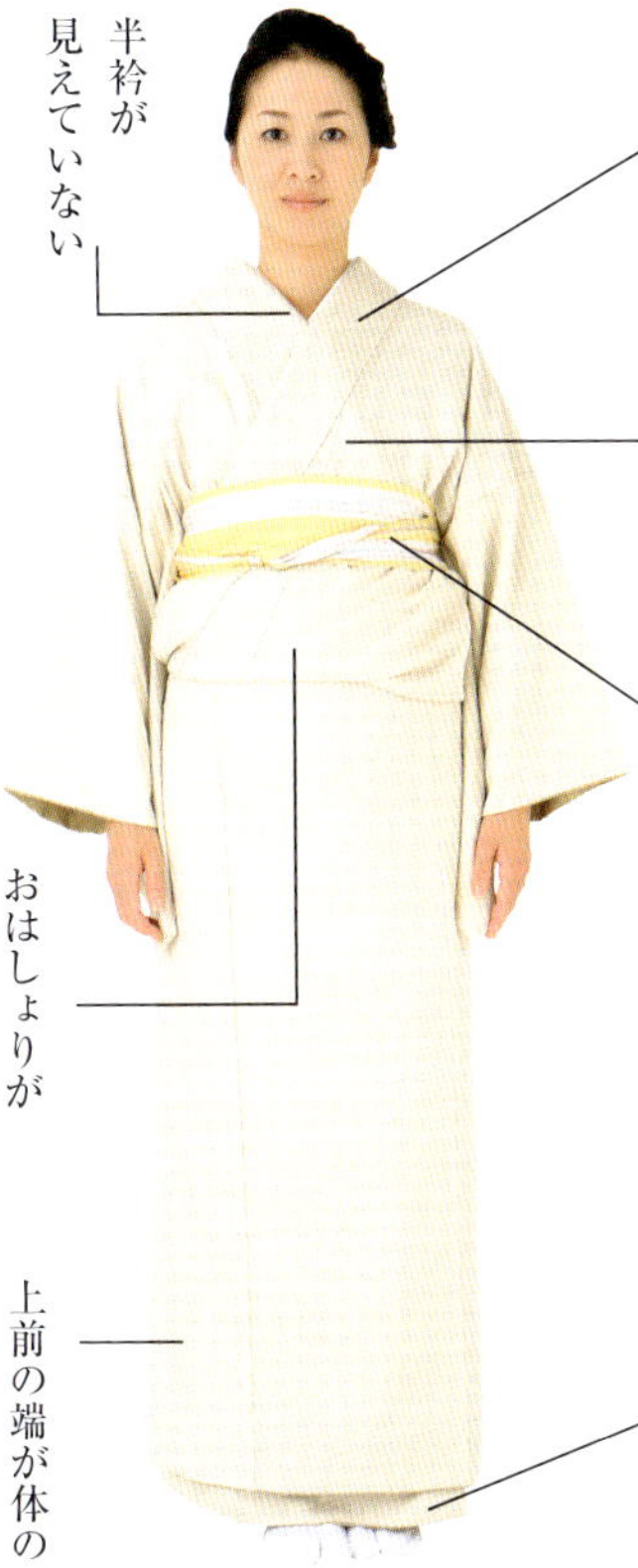

衿にゆるみや浮きがある

半衿が見えていない

胸元にしわやたるみがある

伊達締めがアンダーバストの位置にある

おはしょりがもこもこになっている

上前の裾から下前の裾がのぞいている

上前の端が体の右側より後ろへいっている

チェックリスト

- □ 半衿の幅
- □ 衿合わせ
- □ 胸元
- □ 伊達締め
- □ おはしょり
- □ 背中
- □ 上前の幅
- □ 裾のライン
- □ 裾の高さ

STEP 6

帯を結ぶ（お太《たい》鼓《こ》結《むす》び）

start

1 「て先」を左肩にかける

2 帯を折り上げる

3 おなかの前まで回す

9 「て」を後ろに流す

10 「て」を前に回す

11 「て」のたるみを集める

12 「たれ」の根元を広げる

左右にしっかり広げましょう

18 帯揚げをかける

19 お太鼓の大きさを決める

20 「たれ」の長さを調節する

人差し指の長さに調節

21 前で腰紐を結ぶ

4 帯を巻く

5 背中まで帯を回す

6 帯を締める

7 帯板を入れる

8 右脇まで帯を巻き、締める

13 帯枕と「たれ」を持つ

14 「たれ」を持ち上げる

15 帯枕を背中にのせる

ヨイショ！

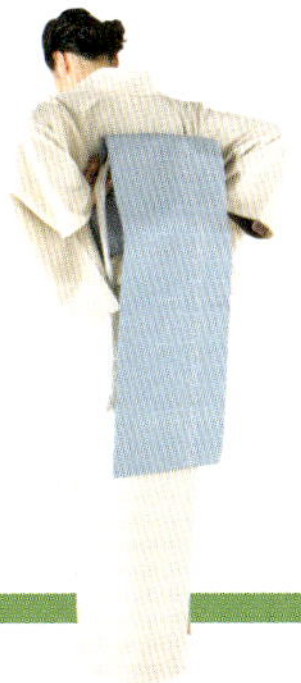

16 帯枕の紐を結ぶ

17 たるみを伸ばす

帯枕の下は平らにします

22 「て」をお太鼓に通す

て先は2㎝くらい出す

23 帯締めを結ぶ

24 帯揚げを結び直す

25 完成

きれいにできました！

finish

お太鼓結びは、和装のときの一番ポピュラーな帯結びです。カジュアル帯の代表である「名古屋帯」を使って結びます。

1 「て先」を左肩にかける

「て先」を持ち、左肩にかけます。そのあと、「て先」が伊達《だて》締《じ》めの上線に重なるように持ってきたら、帯の輪のほうにとめておいたクリップ（ピンク）を外し、「て先」と衿をとめます。

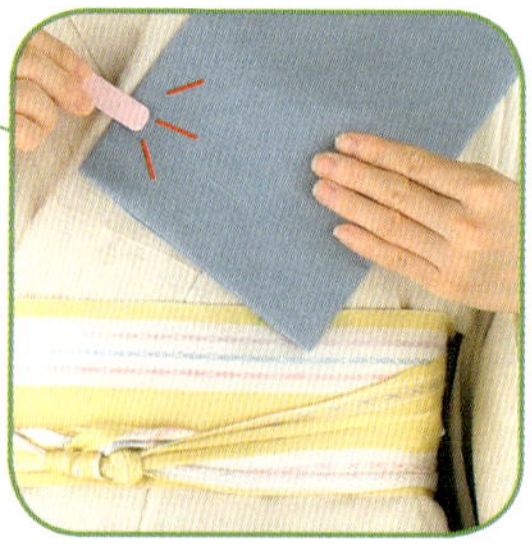

「て先」の長さは、伊達締めの上線に重なるくらい。

もうひとつのクリップ（黄）は、おはしょりの右下に。

2 帯を折り上げる

左手の甲を左肩甲骨の下につけ、指先を包むように、右手で帯を三角に折り上げます。

左手の甲を背中にあてます。

そのまま、三角に折り上げます。

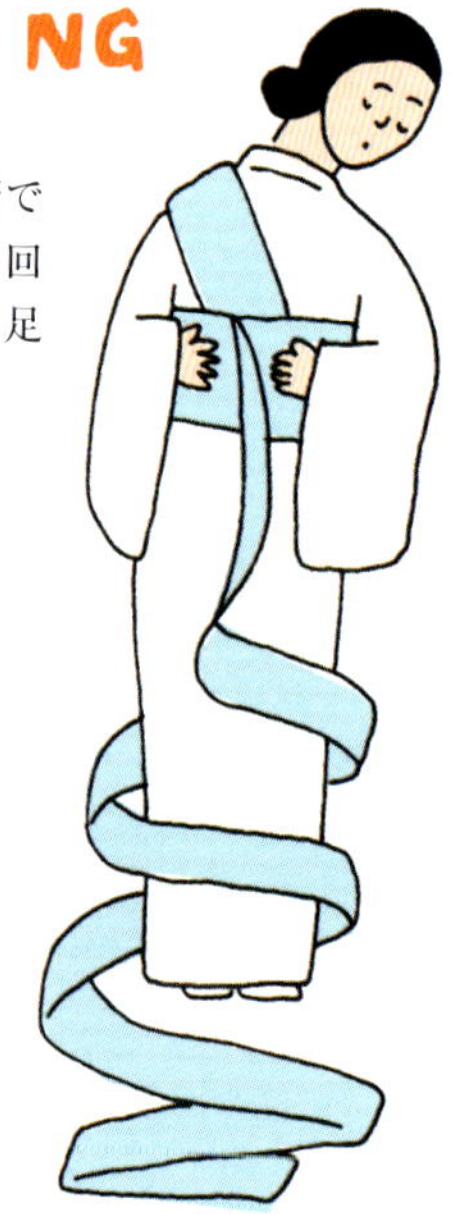

帯を巻くときのコツは、帯ではなく、自分が時計回りに回転すること。帯を回すと、足に巻き付いてしまいます。

3 おなかの前まで回す

左手はそのままで、右手を「パー」にして、しわにならないように帯を胴に反時計回りに巻き付けていき、おなかの前で止めます。

4 帯を巻く

右手はそのままで、左手を抜いて右手に重ねます。今度は、左手はそのままで、右手で来た道を戻っていくように右脇を通って後ろにスライドさせ、背中で折り上げた三角を押さえます。

左手はそのままで、右手を後ろへスライドさせていきます。

後ろまできたら、背中で折り上げた三角部分を押さえます。

5 背中まで帯を回す

三角部分を押さえた右手はそのままで、再び左手を後ろへスライドさせながら、右手に重なるまで帯を巻き付けていきます。これで、背中まで帯を巻くことができました。

左手を後ろへスライドさせていきます。

6 帯を締める

三角部分を押さえていた右手を一度抜き、左手で巻き付けてきた帯を、右手で再度押さえます。今度は三角部分の上の角に左手の親指を引っかけておき、右手は体に巻き付けた帯の下線を持って、やや下方向に引っ張って一度締めます。左手がうまく引っかけられないときは、下の角に親指を引っかけてもOKです。

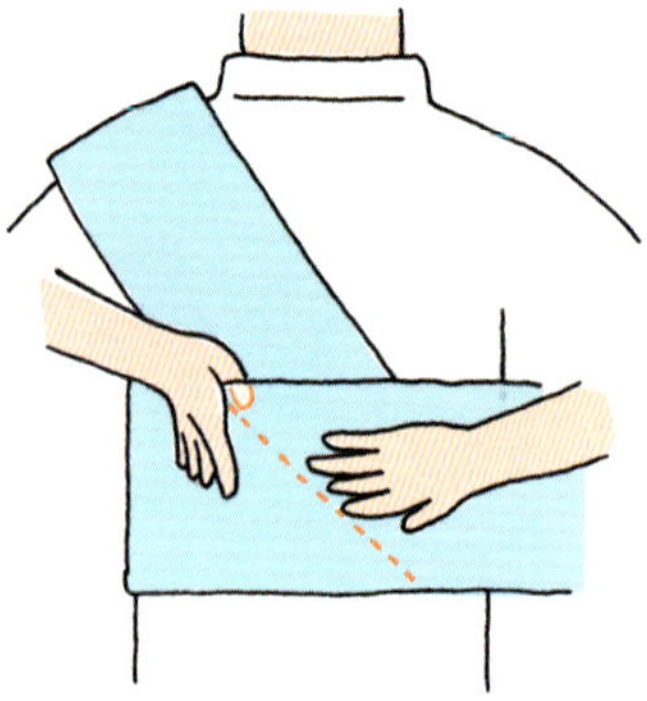

三角部分の角に親指を引っかけます。

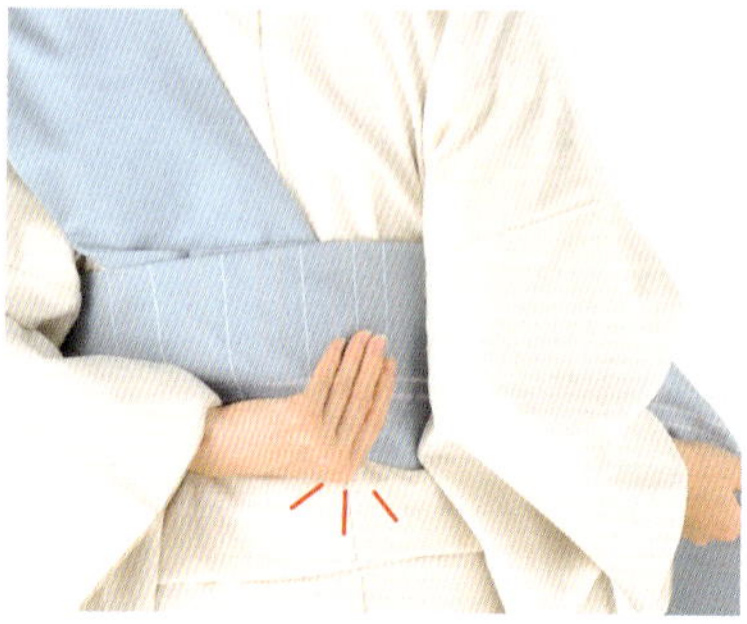

左手で上の角が持てない人は、下の角に親指を引っかけてもいいでしょう。

7 帯板を入れる

帯を前に持ってきて、帯をゆるめないように右手から左手に持ち替え、左手は帯の上線を持ちます。右手で帯板を持ち、やや右寄りに入れたら、前帯のしわをなでてとっておきます。

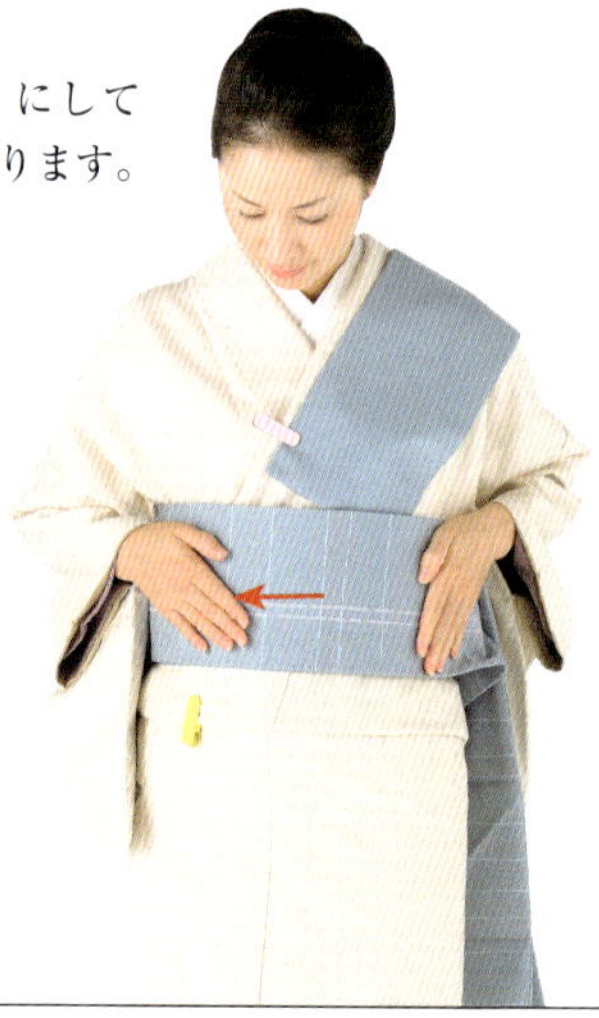

右手を「パー」にして前帯のしわをとります。

8 右脇まで帯を巻き、締める

左手で帯を巻き付けていき、右脇まできたら、右手で帯の下線を持ちます。このとき、右手は体に近い場所を持つのがポイントです。左手で1巻き目の帯を下からつまんで持ち、右手をやや下方向へ引っ張って締めます。

9 「て」を後ろに流す

衿にとめておいたクリップ（ピンク）を外して再度、「て先」にとめ直し、「て先」を後ろに落とします。左手で「て」の輪を持ち、右側にスライドさせるように寄せます。次に、「て」を左斜め下に移動させて、おはしょりにつけておいたクリップ（黄）でとめます。

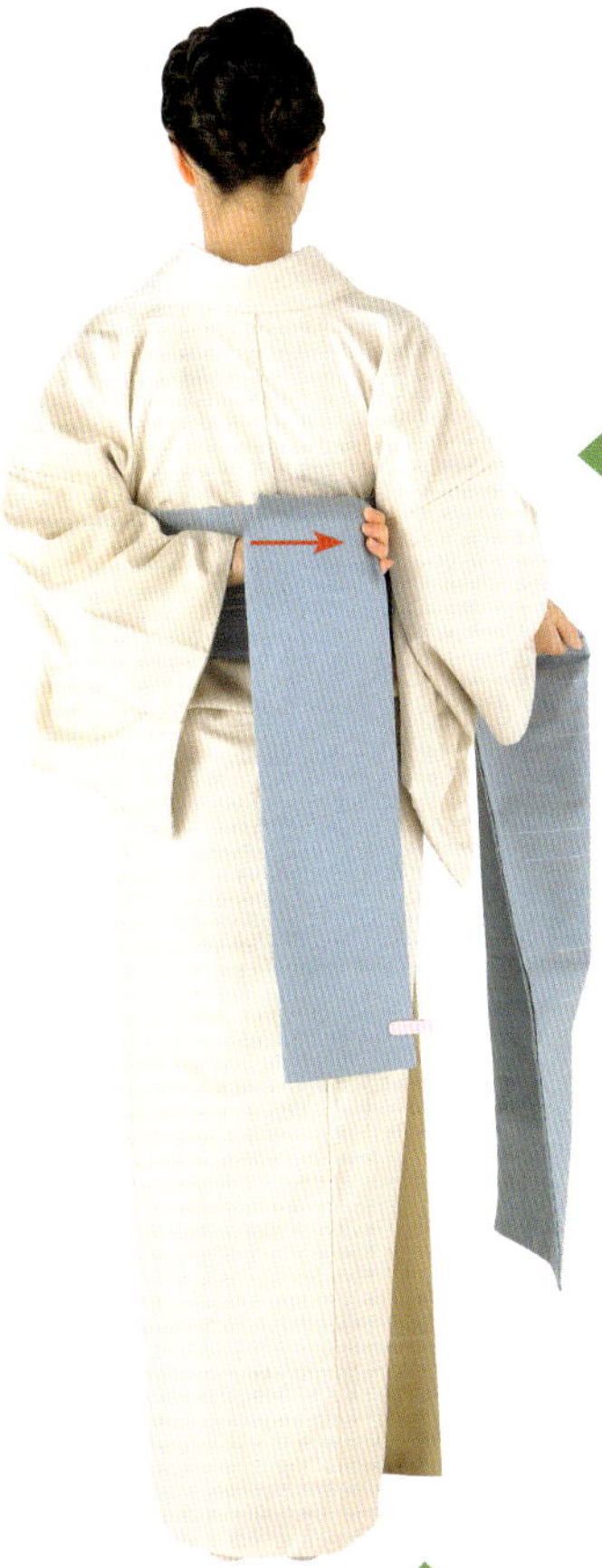

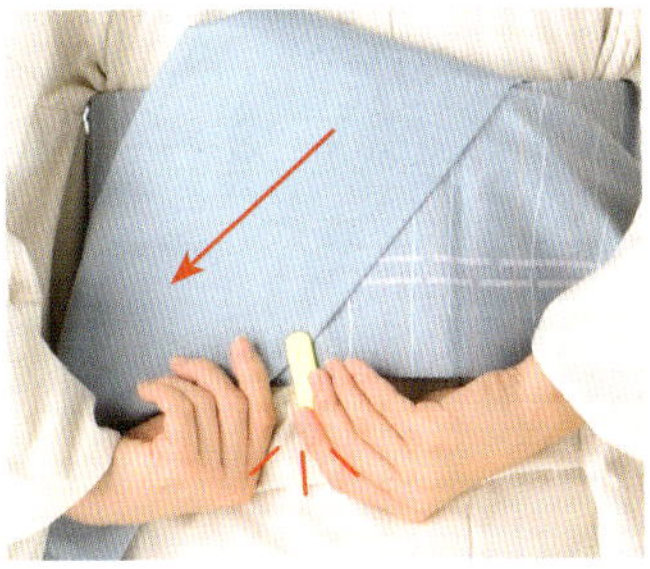

胴に巻いた帯２枚と、左斜めに下ろした「て」の計３枚が重なる部分をクリップ（黄）でとめます。

10 「て」を前に回す

「て」を帯の下線に沿わせて前に回し、輪が下になるようにして、クリップ（ピンク）でとめます。

11 「て」のたるみを集める

背中の真ん中に向け、左手で「て」をなでていき、たるみを背中に集めます。この部分が、帯枕をのせる土台になります。なお、胴に巻いてある帯よりも、たるみが上に飛び出していたら、帯の中に折り込んでおきましょう。

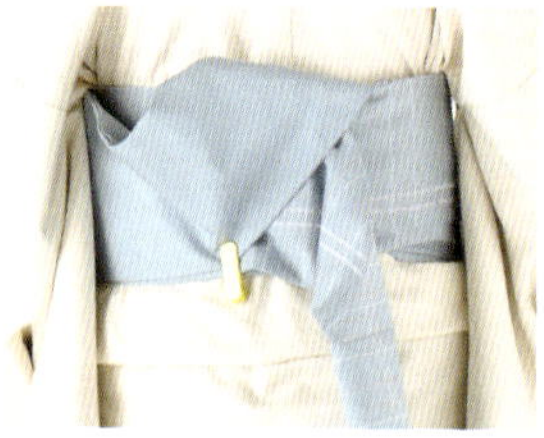

「て先」を前にとめたあと、背中に「て」のたるみができます。

左手を左脇からスライドさせ、たるみを背中心に集めます。

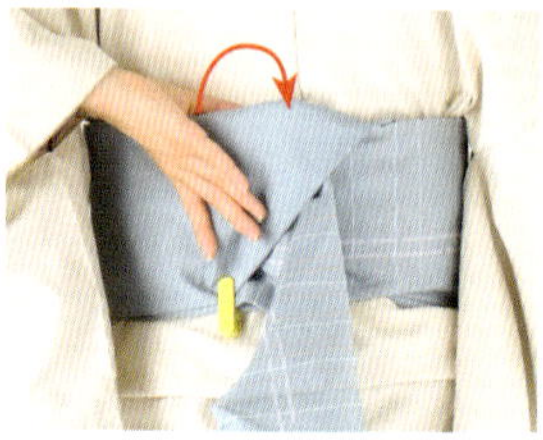

飛び出たたるみを左手の親指でグッと中へ折り込みます。

12 「たれ」の根元を広げる

「たれ」がねじれないように気をつけながら、左右に広げます。

13 帯枕と「たれ」を持つ

まず帯枕を逆さまの向きで持ちます。次に、帯枕を持ったまま手を後ろに回し、両手で帯枕を持ちます。

そのまま親指で「たれ」の端を持ち、帯枕を正しい向きに起こします（親指を背中側に返します）。

帯枕をあてるときの持ち方

帯枕を持ちます。

手首をくるりと返します。

親指が手前にくるように、右手で持ち替えます。

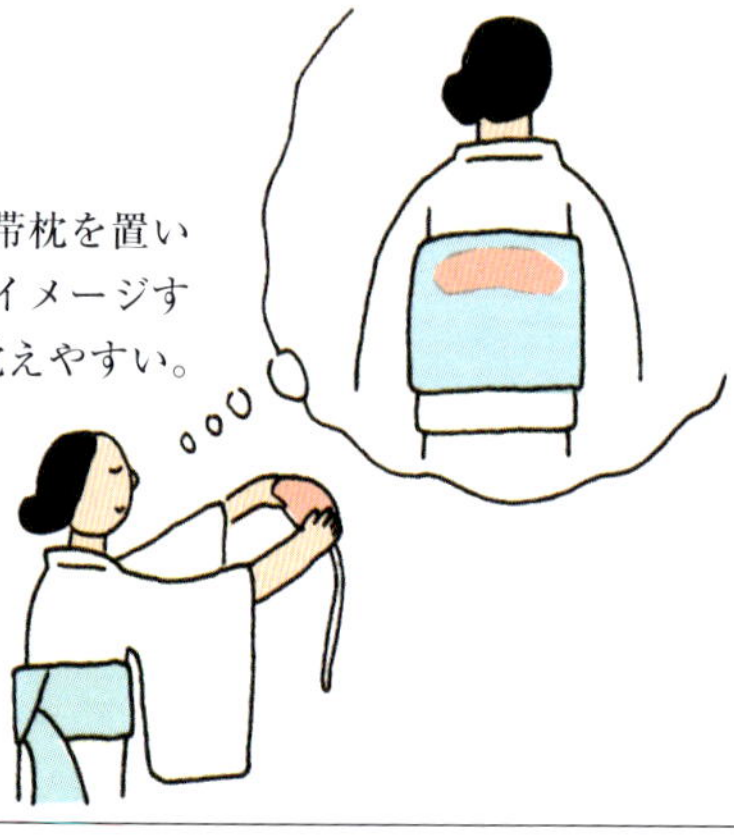

背中に帯枕を置いた姿をイメージすると、覚えやすい。

14 「たれ」を持ち上げる

「たれ先」がふくらはぎの下より長い場合は、帯枕を持ったまま、親指で「たれ」を送って長さを調節します。このとき、帯枕は帯の真ん中に。左右に寄らないように注意しましょう。そのあと、帯の裏面にしわが寄らないように、親指で左右にしごいておきます。

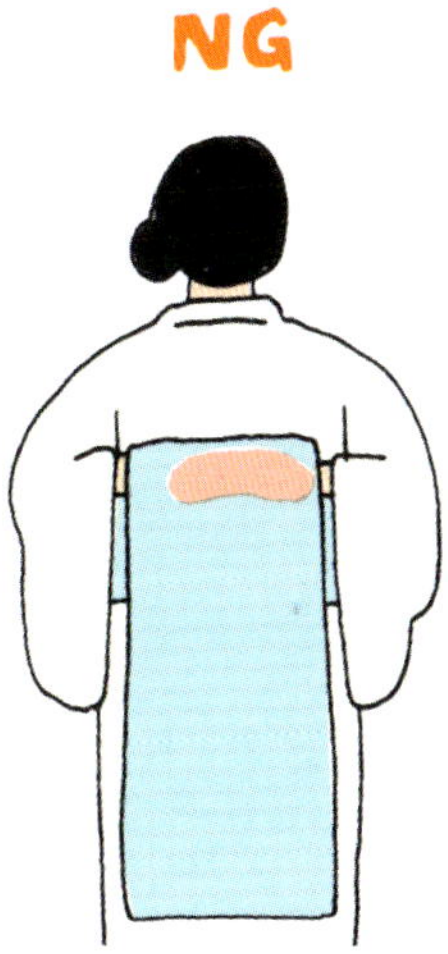

帯枕が真ん中にきていないと、そのあとも片寄ったままになってしまいます。

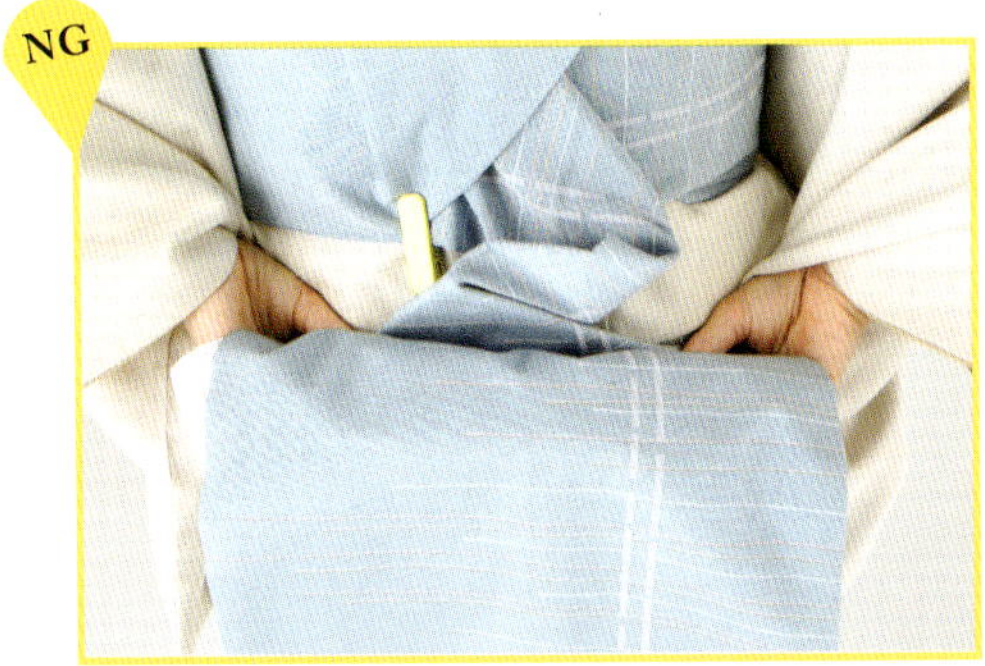

帯枕をあてた帯の裏面を左右にしごかないと、しわが寄ったままになってしまいます。

15 帯枕を背中にのせる

⑪で作った土台の上に帯枕をのせます。このとき、正面を向いたままで。鏡を見ながら行うと、帯をまっすぐ背負えません。また、帯枕をのせる位置にも注意が必要。きちんと土台の上にのせれば、帯枕が固定され、帯が落ちてくることもありません。

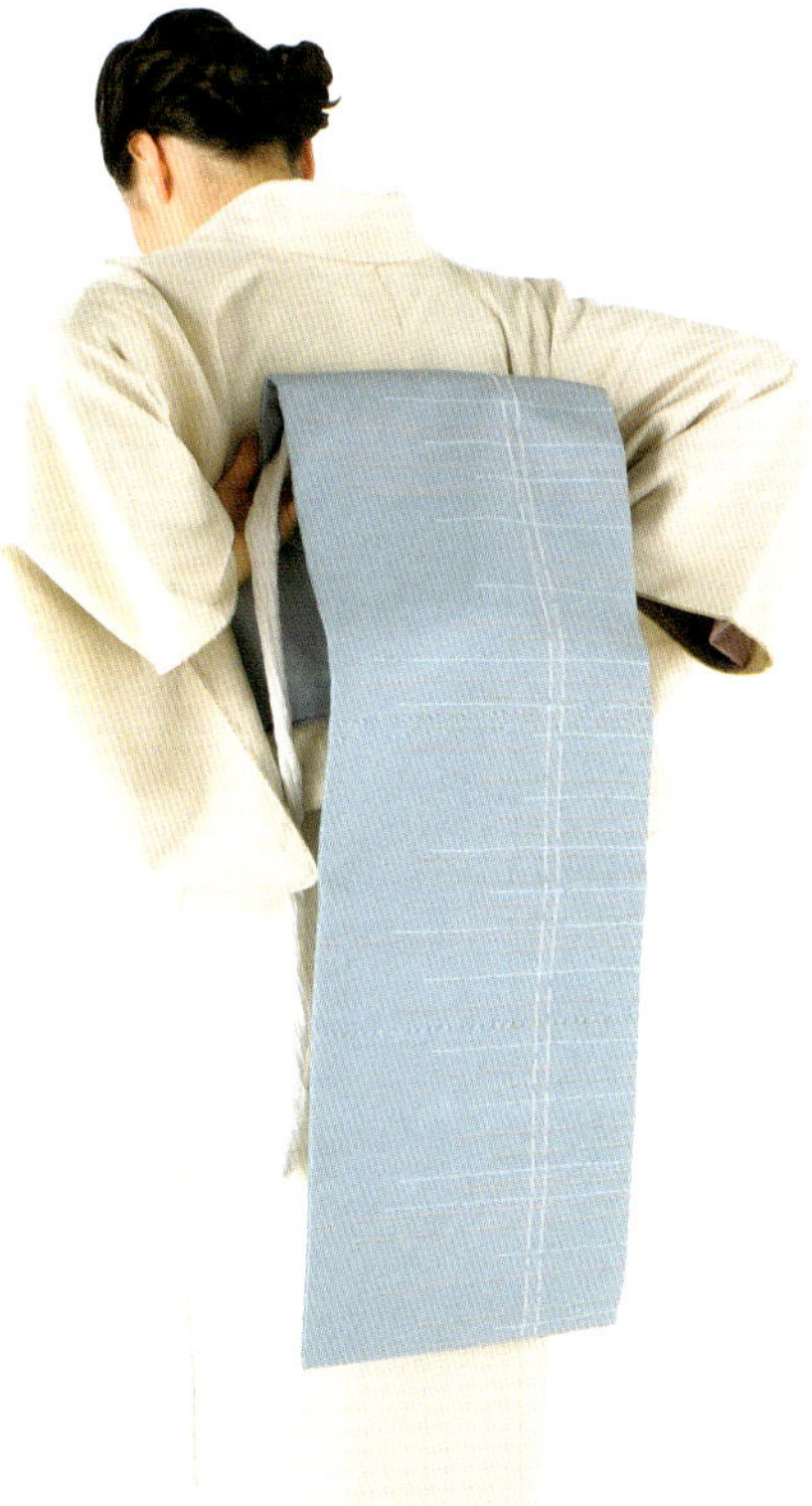

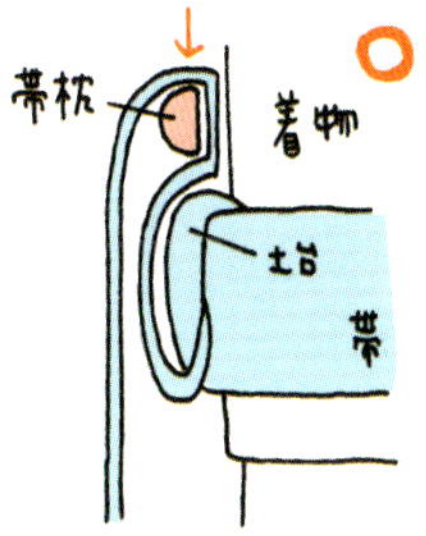

土台の上にのせれば、帯枕が固定され、落ちてきません。

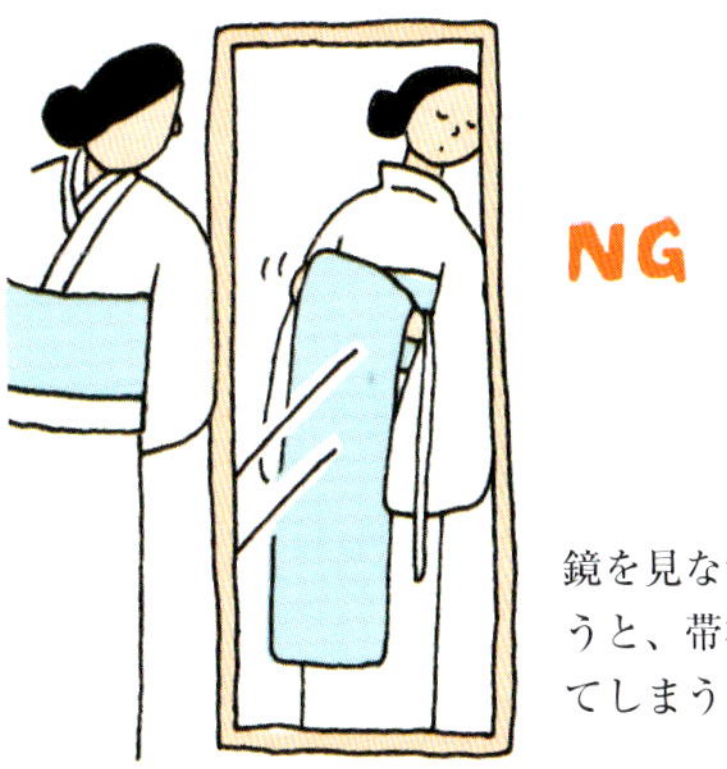

鏡を見ながら背負うと、帯枕が傾いてしまうことも。

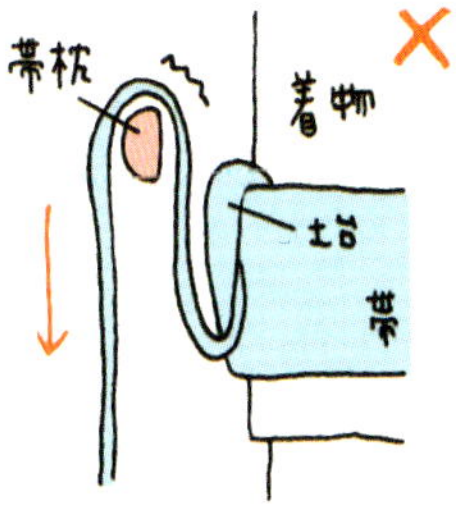

胴に巻いた帯に重ねるようにのせてしまうと、帯枕が下がり、帯が落ちやすくなります。

16 帯枕の紐を結ぶ

脇を締めて、帯枕の紐を一度床と平行にしてから、斜め下向きにしっかり引いて、帯枕を背中にしっかり密着させます。そのあと、帯枕の紐を結び、帯と伊達締めの間に深く押し込みます。

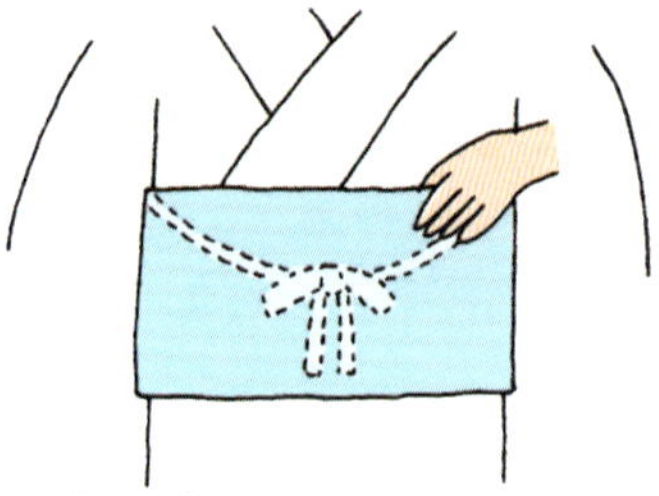

帯枕の結び目が体に食い込むと着心地が悪くなるので、できるだけ深く押し込みます。

17 たるみを伸ばす

帯枕の下を平らにしておくと、お太鼓の形がきれいに決まります。帯枕の下のたるみができるだけ平らになるよう、左右に広げるような感じで伸ばしましょう。たるみが多いときは、たるみの下にある右側ポケットに指で押し込んでおくと、すっきりさせることができます。

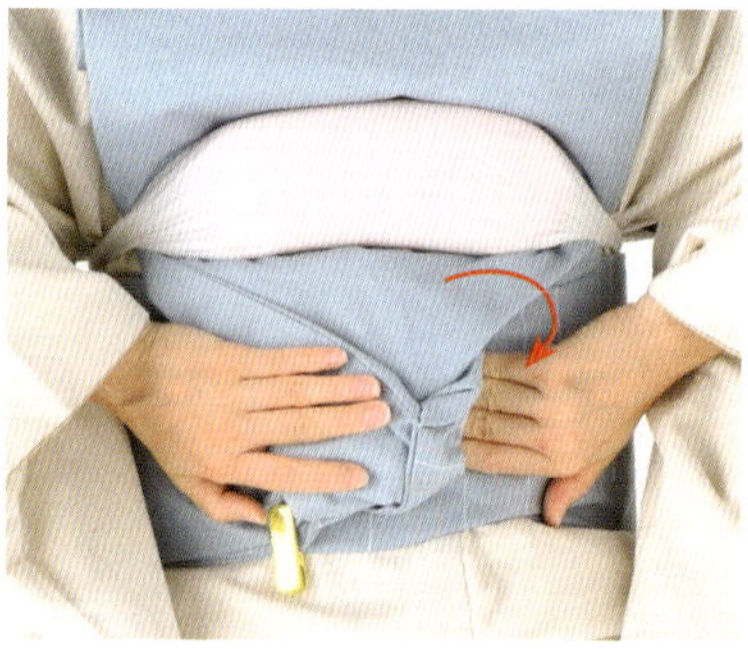

たるみが多い場合は、たるみの下の右側のポケットに指で押し込みます。

18 帯揚げをかける

帯揚げを半分に折り、輪を上にして帯枕を隠すようにかぶせ、前に持ってきて仮結びします（帯揚げは最後に結び直します）。

＊プロセス⑰と⑱の写真は、わかりやすいように、「たれ」を衿でとめてありますが、実際にはとめません。

19 お太鼓の大きさを決める

帯の下線から指2本分下の位置に、内側から腰紐をあて、腰紐を持ったまま、親指が「たれ」の内側になるように帯を持ちます。そのあと、人差し指で「たれ」を内側にたたくし上げます。

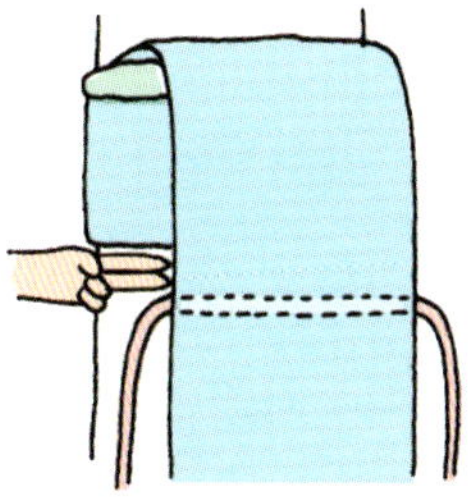

腰紐は帯の下線から指2本分下の位置に。

20 「たれ」の長さを調節する

お太鼓の大きさが決まったら、片手でお太鼓の下線を持ちます。このとき、お太鼓の端からたどるように中心まで手を動かしていくと、形が崩れません。お太鼓の下線を持ったら、もう片方の手で、余った「たれ」をたくし上げていきます。

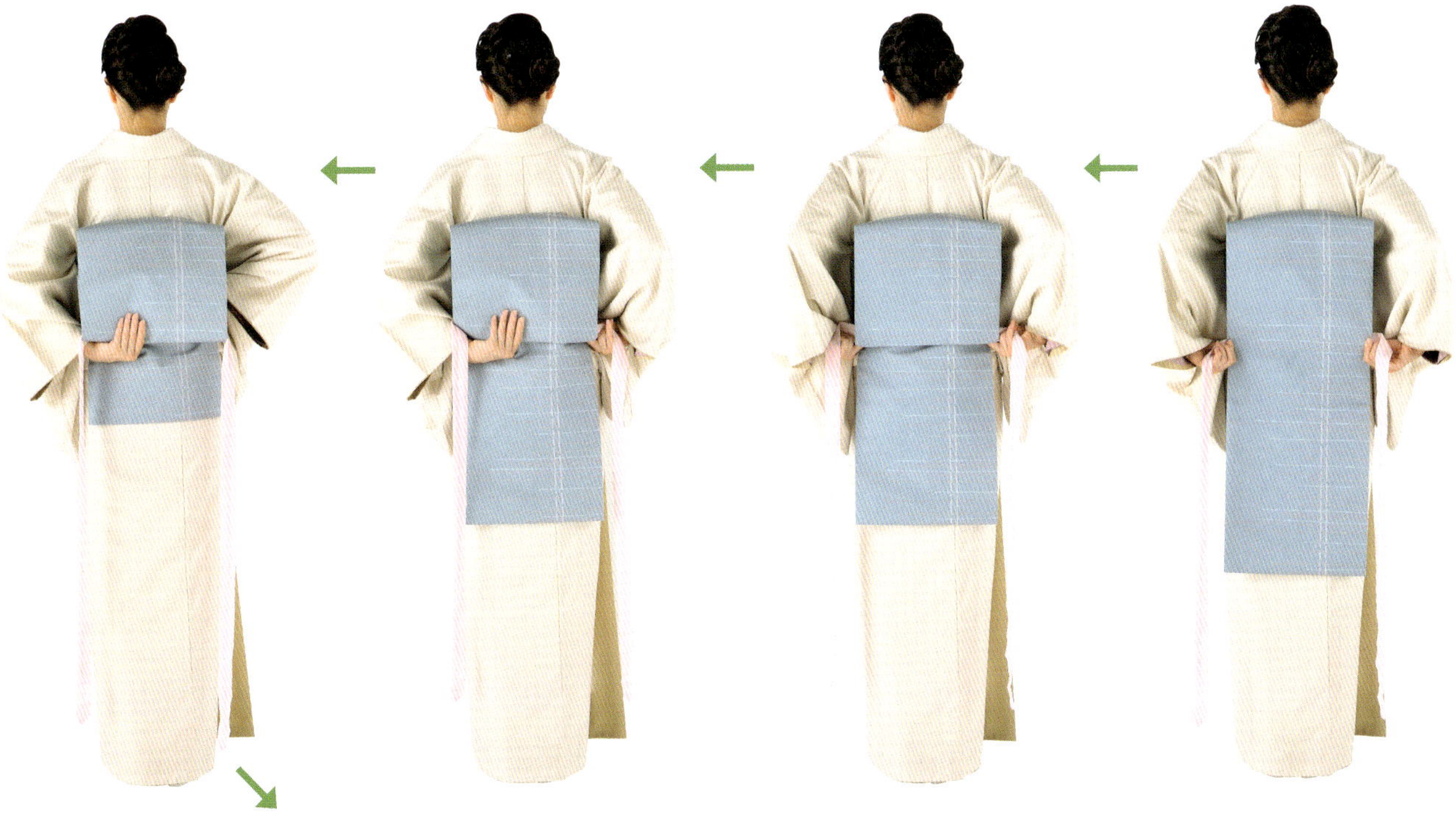

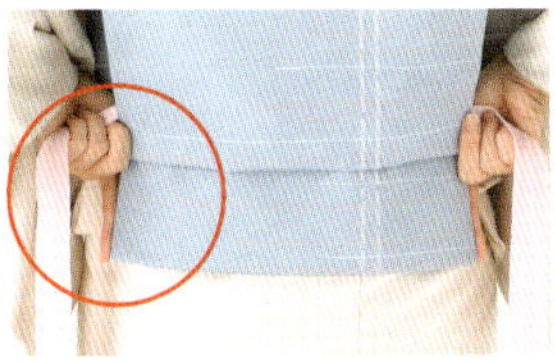

「たれ」が人差し指の長さくらいになるまで、たくし上げます。

21 前で腰紐を結ぶ

「たれ」の長さが決まったら、その長さを崩さないように腰紐を前に持っていき、斜め下方向で結びます。このとき、前帯の下線の高さで結ぶと、お太鼓がゆるみやすくなります。おはしょりの下線くらいまで下げて結びましょう。

腰紐を水平に結ぶと、お太鼓がゆるんでしまいます。

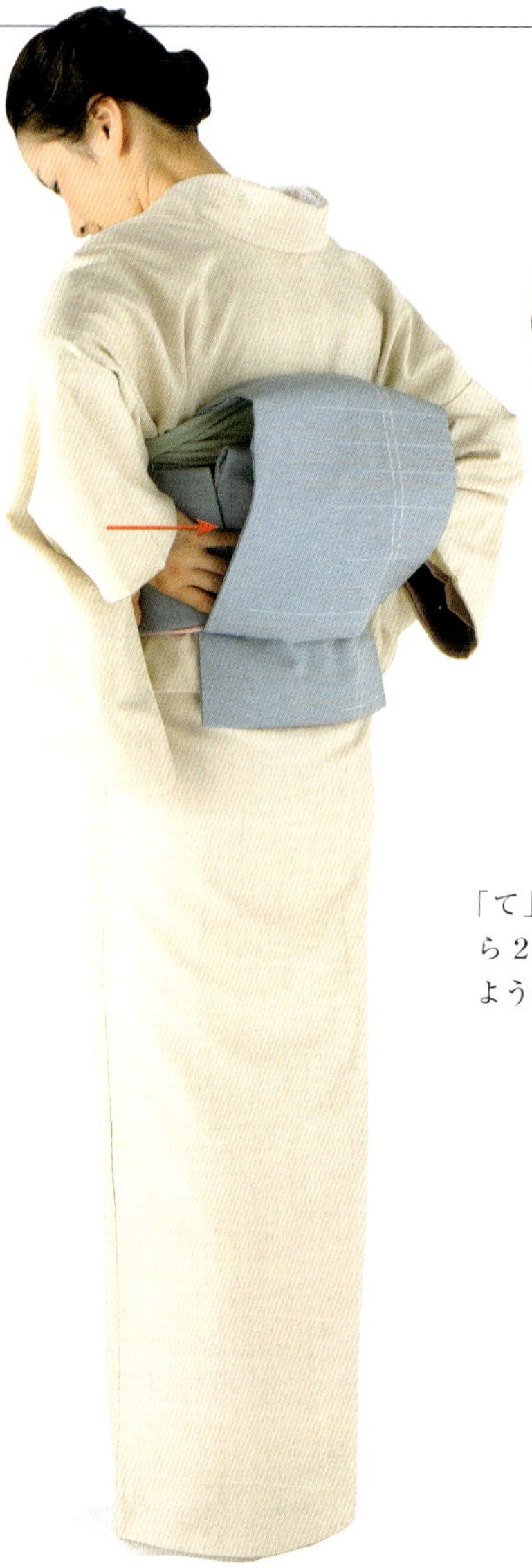

22 「て」をお太鼓に通す

前帯にクリップ(ピンク)でとめておいた「て」を外し、「て先」から、お太鼓の下線に沿わせて通します。このとき、まず右手をお太鼓の中に通し、「て先」を迎えにいくとスムーズ。また、お太鼓に通したあとの「て」は、左右の端から2cmほど出るようにします。「て」が長いときは、左側を中に折り込んで調節します（p59参照）。

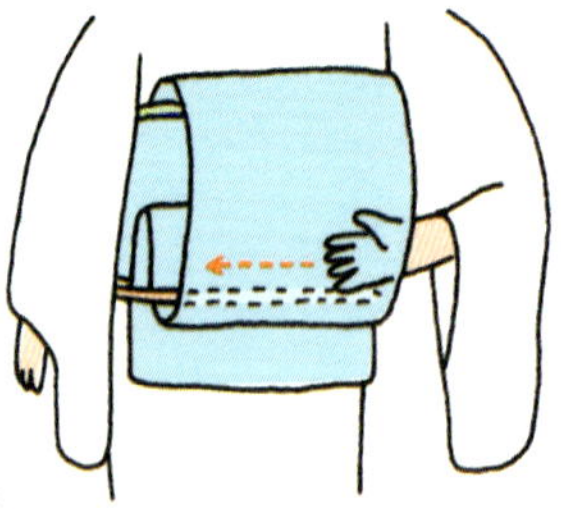

右手で迎えにいくときは、腰紐をたどると簡単です。

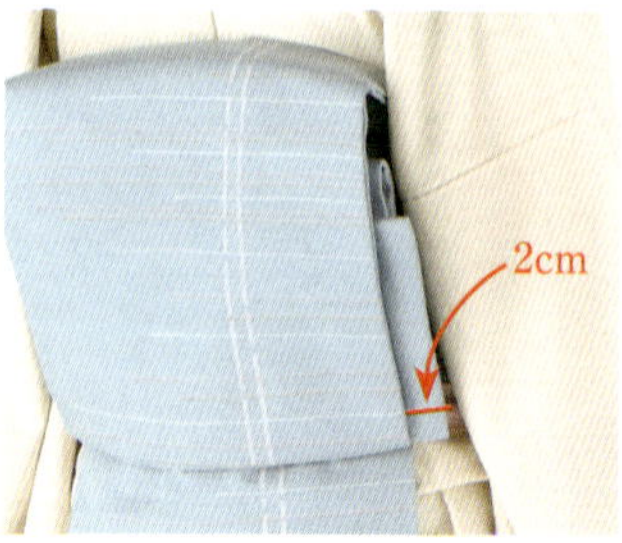

「て」はお太鼓から2cmほど出るようにします。

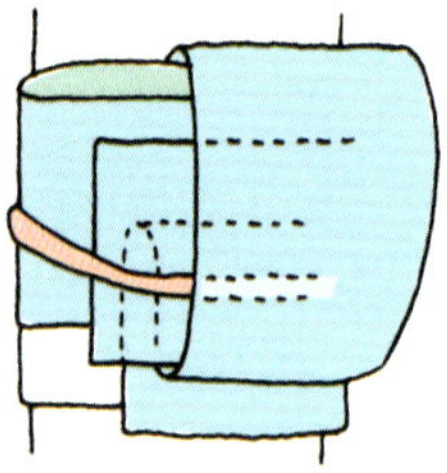

「たれ」の折り返しが短いときは、下よりの位置から持ち上げるように帯締めを結びます。

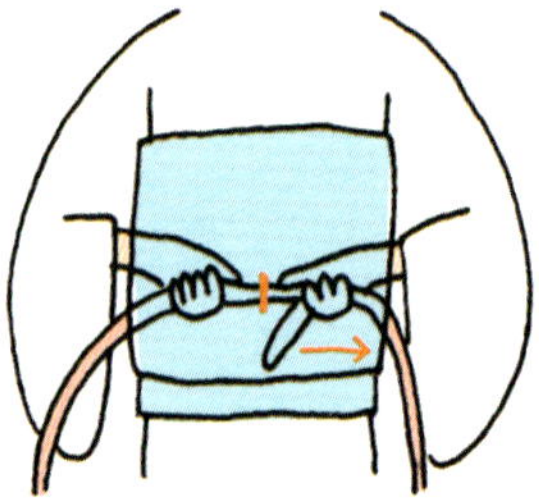

人差し指をお太鼓の下線に沿わせて持つとスムーズ。

23 帯締めを結ぶ

お太鼓に通した「て」の幅中心の位置に帯締めを通し、前で帯締めを結びます（P50～51参照）。このとき、仮結びしておいた帯揚げをいったん外すと、帯締めがよく見え、結びやすくなります。

24 帯揚げを結び直す

帯揚げを結び直し、余った部分は、前帯の中に深く入れ込みます（P53～55参照）。最後に、㉑で仮止めしておいた腰紐をとります（㉓のあとでも可）。背中のクリップ（黄）は、つけたままでOKです。

お太鼓結び

完成
finish

OK

帯揚げの両脇が前帯にきれいに入っている

帯締めの結び目がひっくり返っていない

帯揚げ、帯締めの結び目が体の中心にある

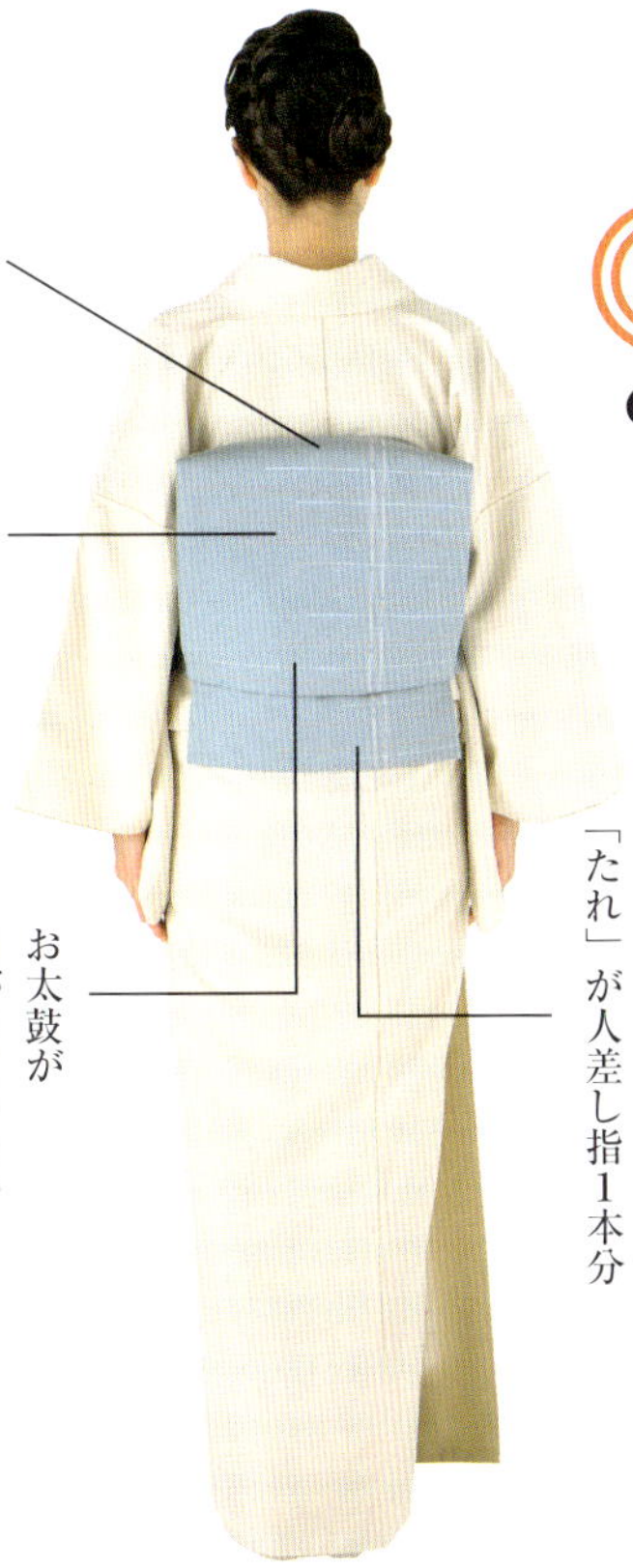

お太鼓山にしわが寄っていない

お太鼓にたるみやゆるみがない

「たれ」が人差し指1本分

お太鼓が曲がっていない

「て先」がお太鼓の下線に沿っていると、お太鼓の形が数字の「7」になります。

NG

帯揚げの両脇が前帯の上にのっている

帯締めの結び目がひっくり返っている

帯揚げ、帯締めの結び目が体の中心からずれている

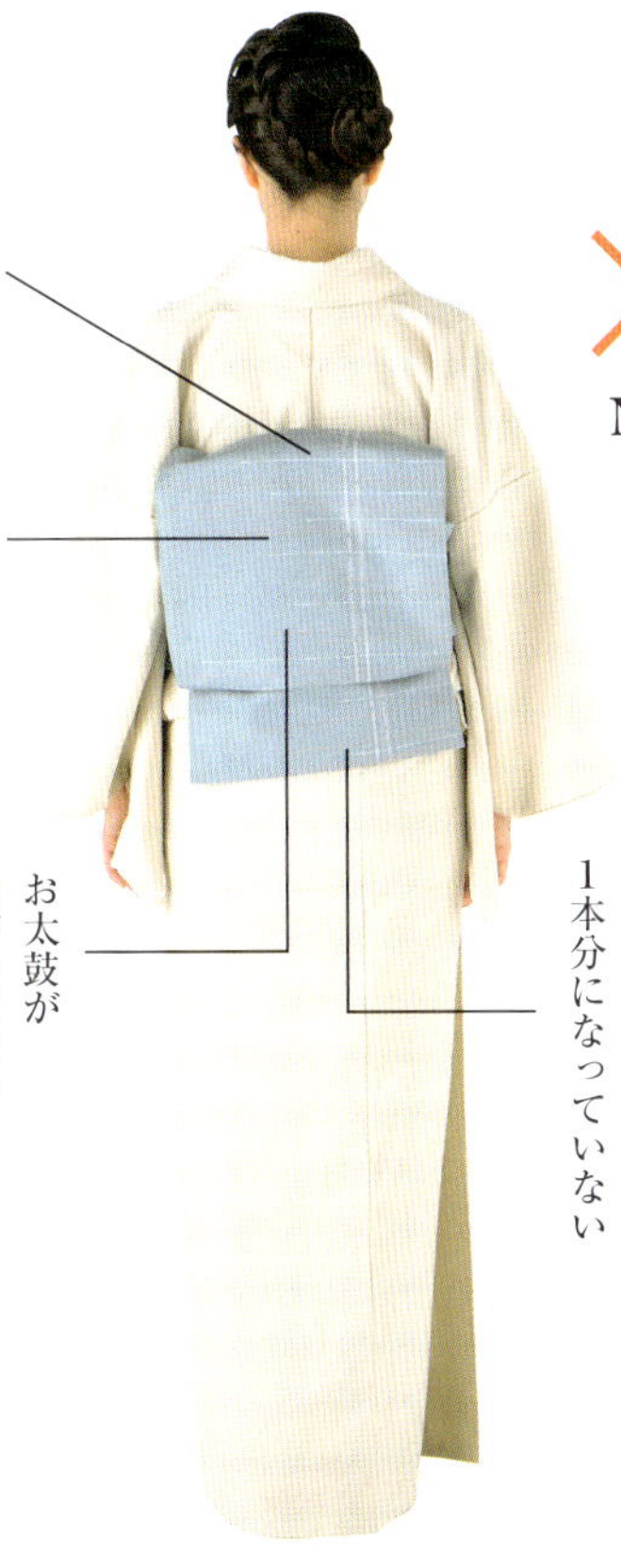

お太鼓山にしわが寄っている

お太鼓にたるみやゆるみがある

「たれ」が人差し指1本分になっていない

お太鼓が曲がっている

「て先」がお太鼓の下線に沿っていないと、お太鼓の形がアルファベットの「C」の逆に。

チェックリスト

- □ 帯揚げ
- □ 帯締め
- □ お太鼓山のしわ
- □ お太鼓山の角度
- □ お太鼓の形
- □ お太鼓のゆるみ
- □ 「たれ」の長さ

帯締め、帯揚げを結ぶ

帯締め

＊写真は自分が結ぶときの、上から見た目線になっています。

1 左右の長さを合わせる

帯締めを両手で持ち、脇を締めてギュッと引いたら、左右の長さを合わせます。

2 左側を上にして重ねる

左側を上にして重ねます。

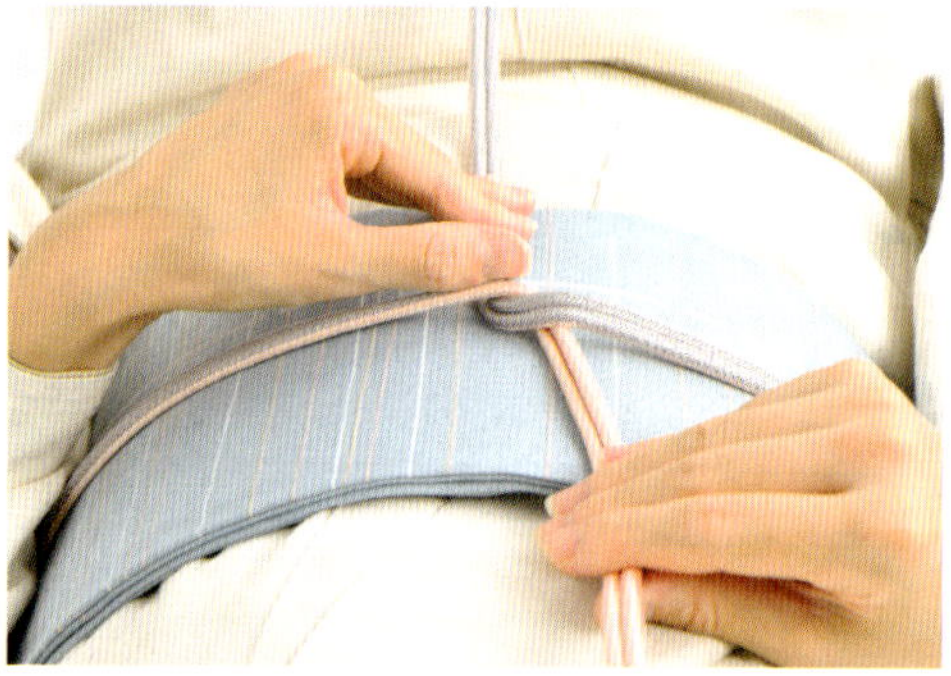

3 引き抜く

左側を下から通して上下に引き抜き、結び目がゆるまないように押さえます。

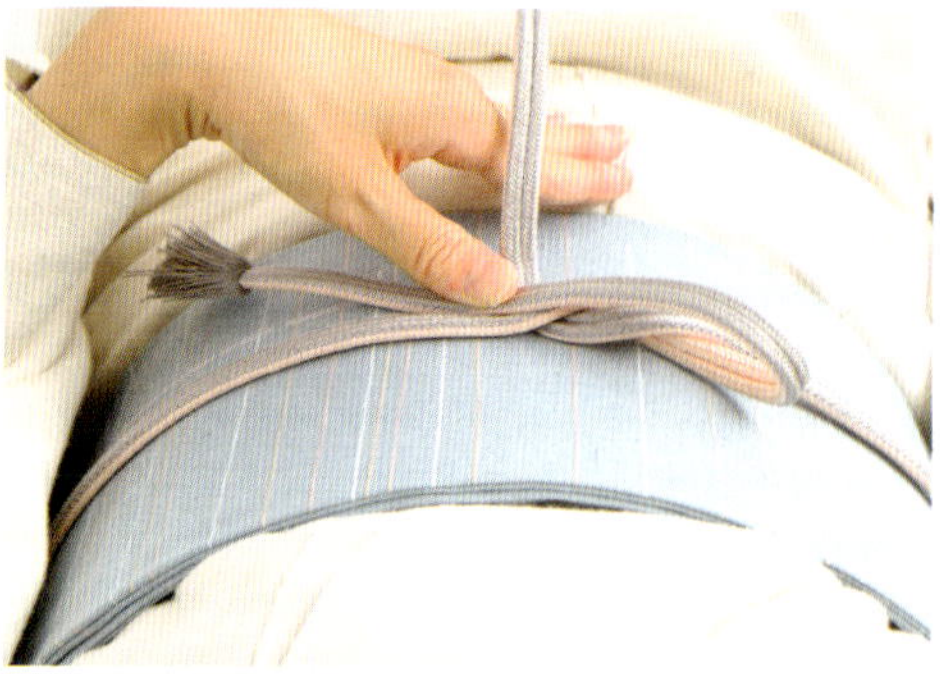

4 輪を作る

上側の帯締めで輪を作り、結び目に重ねます。重なった部分を左の親指で押さえます。

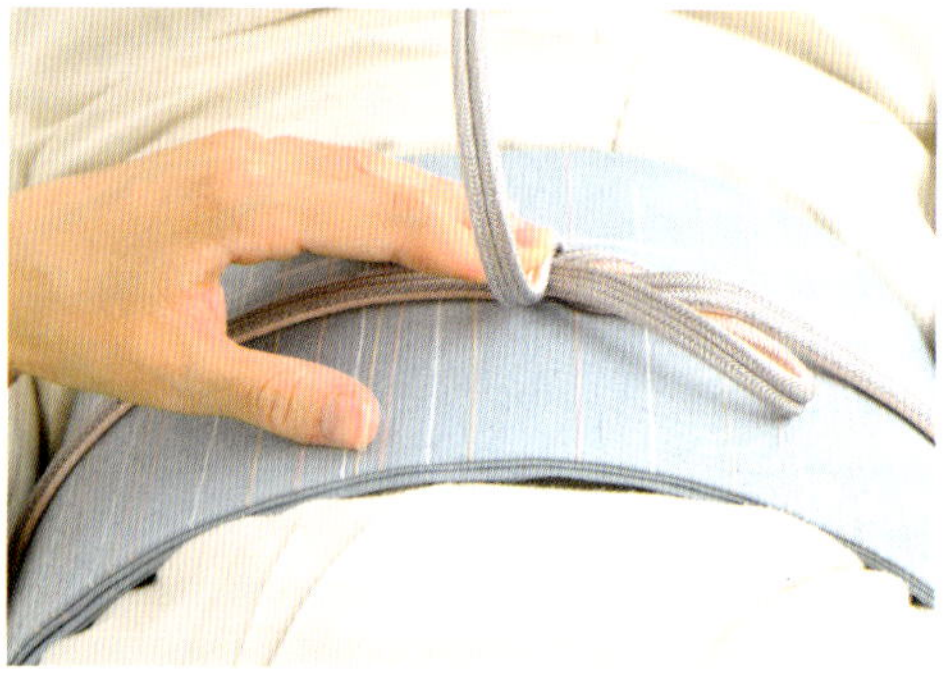

5 下側を折り重ねる

左の親指で押さえているところに、下側の帯締めを指で押し上げるように重ねます。

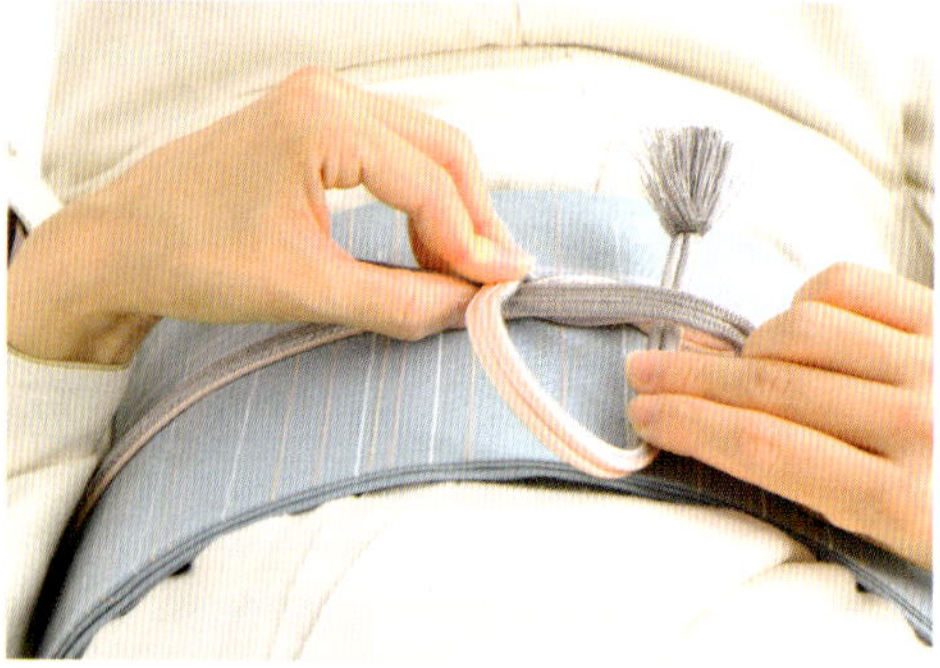

6 輪に入れる

下側から押し上げた帯締めを、輪の中に先端の房から通していきます。

6 輪に入れる

表と裏が逆にならないように

もっとも間違えやすいのが、プロセス⑥。右手で持っている帯締めの房を、④で作った輪の中に通したあとです。

▼

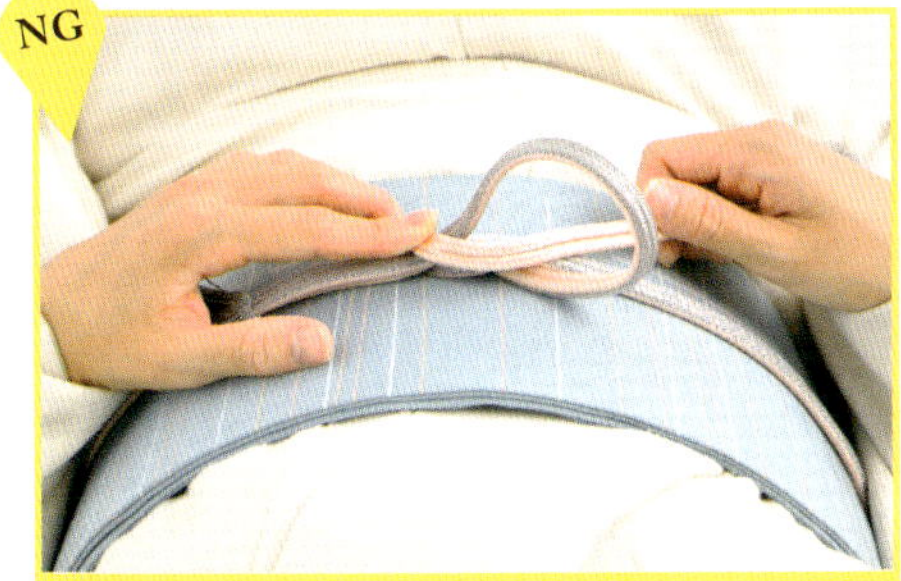

輪の中に房から通し、右手で持ったら、すぐに右に引いてしまうのは間違いです。

▼

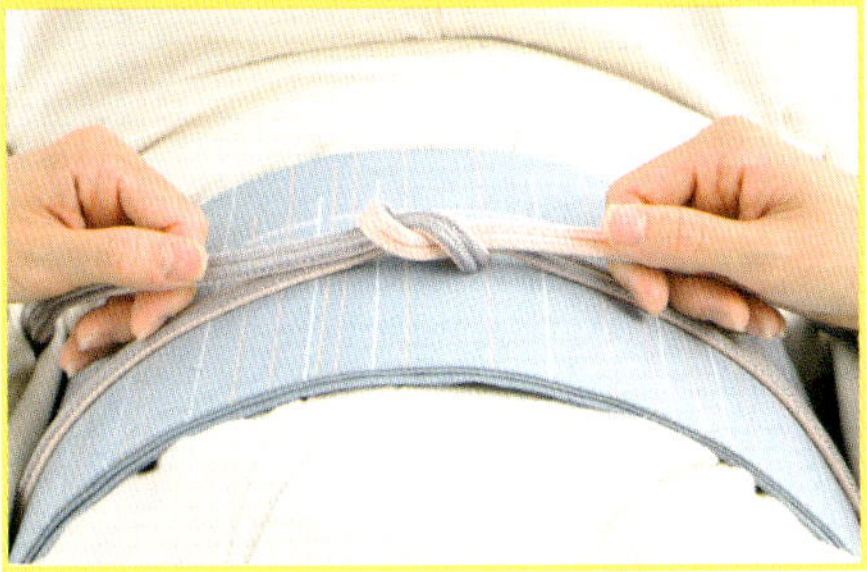

そうすると、結び目の裏表が正しくなりません。右手で持っている帯締めが、裏面になっていたら間違いです。

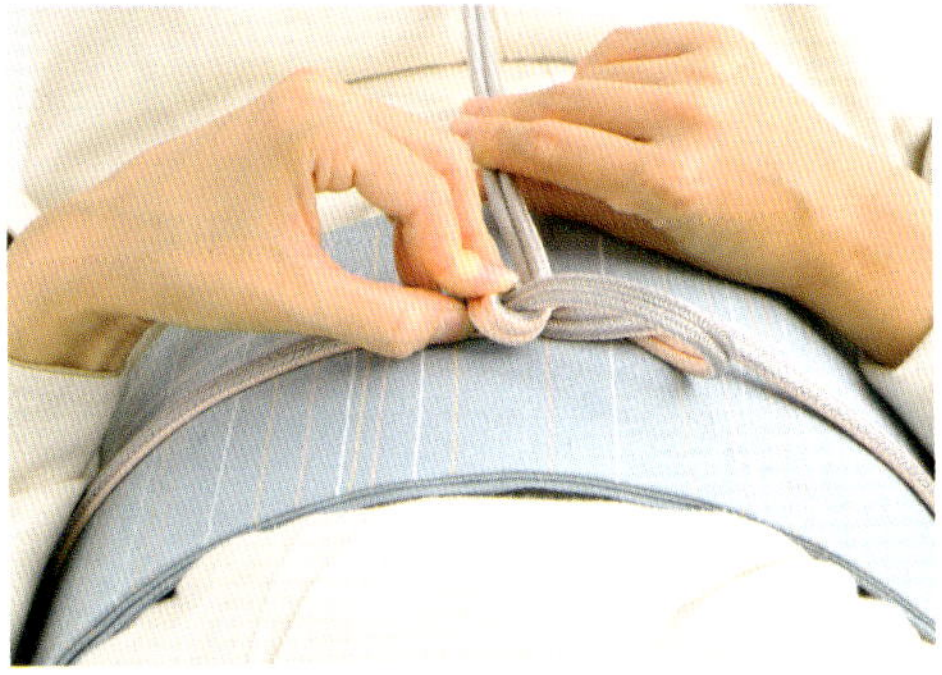

7 真下に引き抜く

先端から通した帯締めを真下に引き抜きます。左手は重なり合った部分を押さえて。

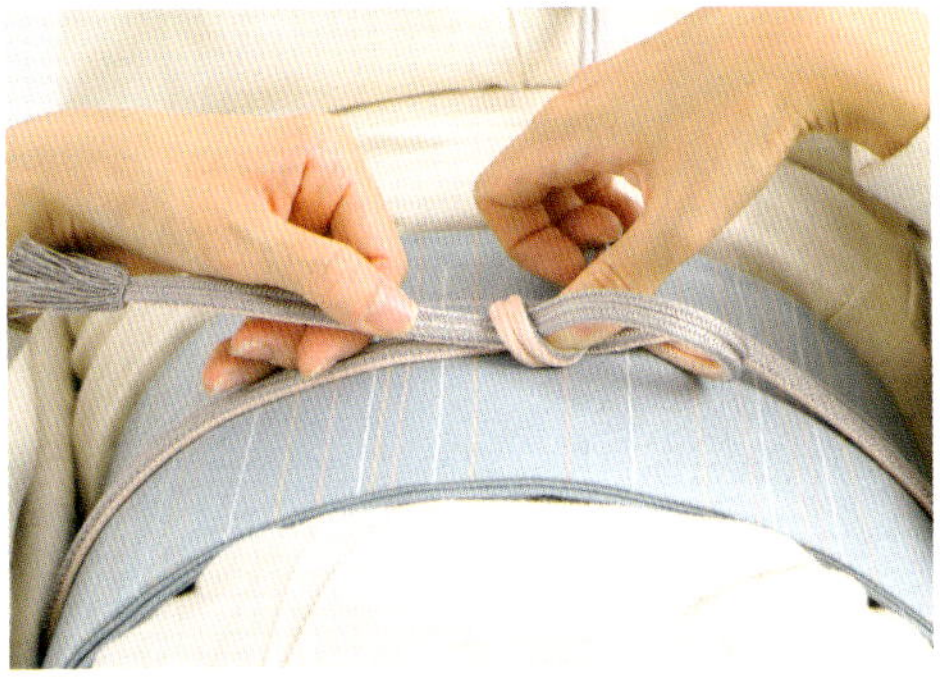

8 左に水平に引く

引き抜いた根元部分を右手の親指で押さえ、左手で左側の帯締めを水平に引きます。

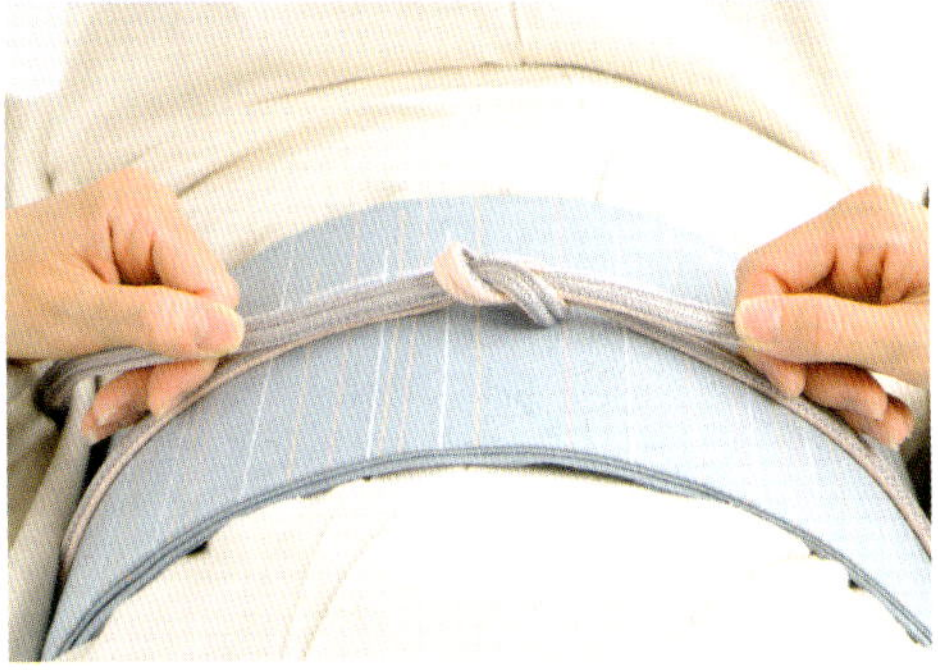

9 左右に引いて締める

結び目近くまできたら、右手の親指を離し、右側の帯締めを持って、左右に引いて締めます。

10 完成（正面から見た図）

帯締めの両端は、両脇の帯締めに上から差し込んでおきます。

MEMO

｛帯締めルール｝　帯締めを正しく結ぶ

帯締めの重ね方

冠組《ゆるぎぐみ》

厚みのある帯締め。結び目から２本重ねますが、多少はずれても構いません。そのあと、脇で差し込みます。

平組《ひらぐみ》

薄くて幅のある帯締め。結び目から２本をきれいに重ね、端は折りたたむように差し込みます。

丸組《まるぐみ》

断面が丸く組まれた帯締めで、表裏がありません。結び目から２本を上下に並べるように揃えて、脇に差し込みます。

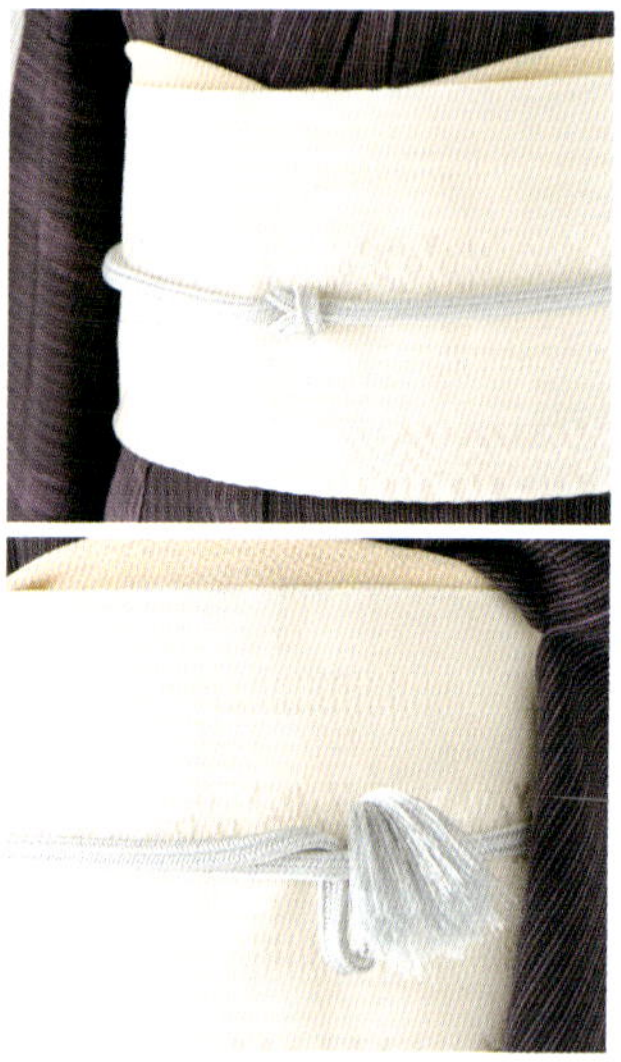

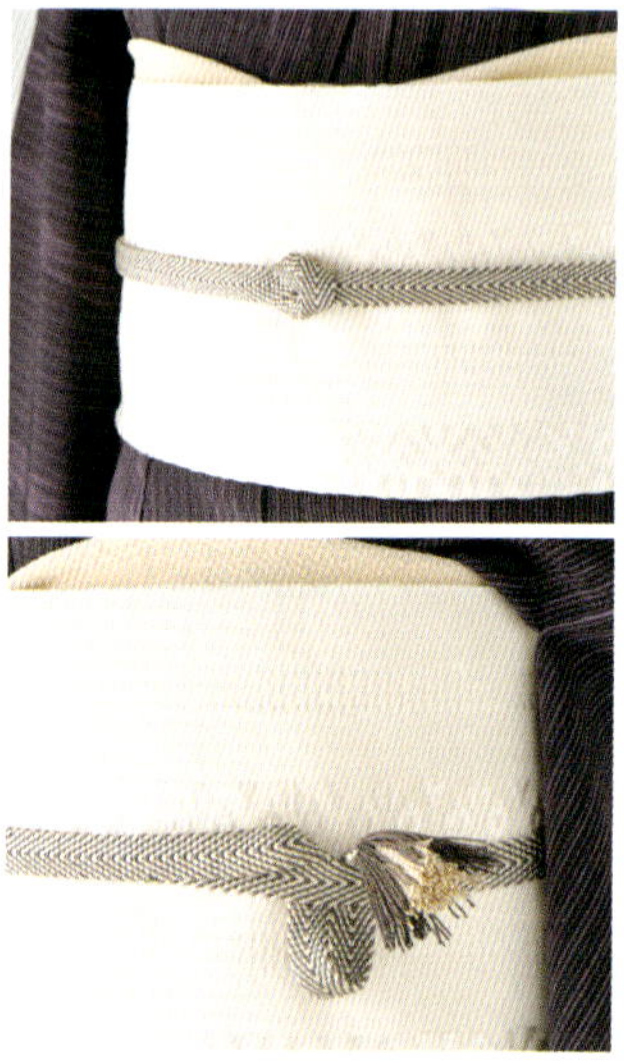

（＊）

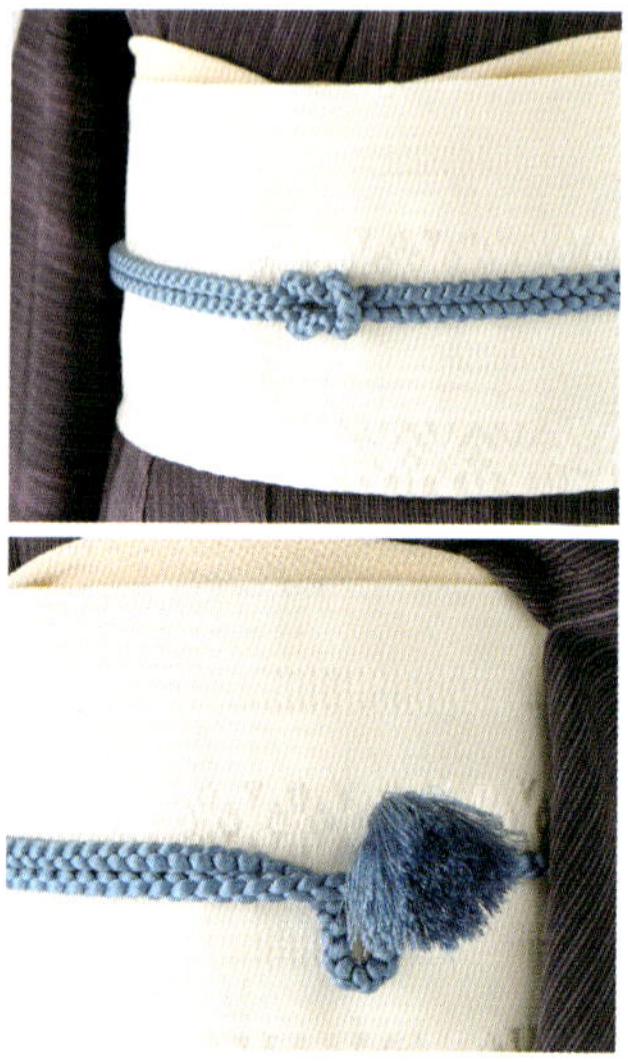

練習するときは平組で

（＊）

慣れるまでは、平組での練習がおすすめ。平組は薄地なので、折り紙を折るように裏表を正しく出さないと結べません。そのため、裏表を理解しながら結ぶことができます。

房の向き

房は上向きになるように差し込みます。房を下向きにすると不祝儀になってしまうので、気をつけましょう。

＊帯締め／ itonosaki

帯揚げ

＊写真は自分が結ぶときの、上から見た目線になっています。

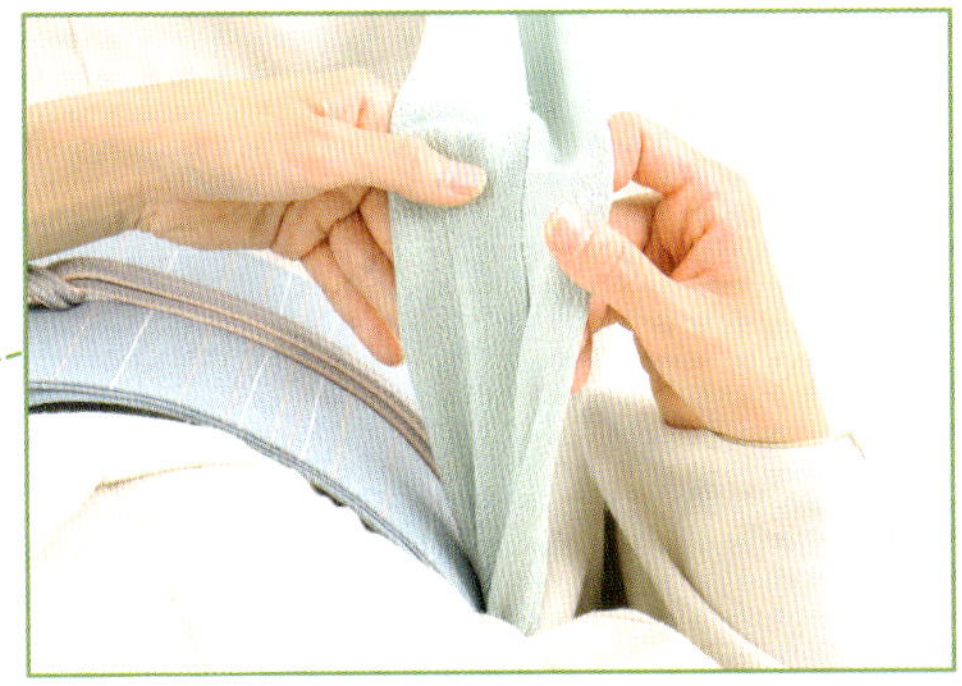

1 きれいに折りたたむ

脇から20cmくらいの場所で、半分に折ってある帯揚げを、さらに下側（端）、上側（輪）の順に3つ折りにします。

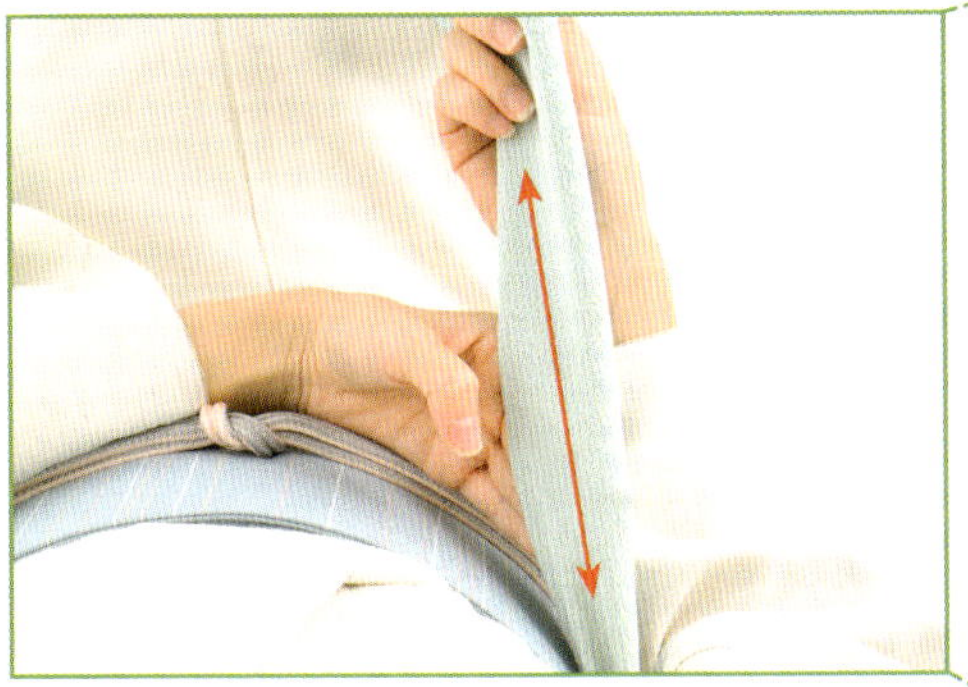

2 しわを伸ばす

脇から30cmくらいの部分を持ち、折りたたんだ部分に反対側の指を入れ、しごきながらしわをとります。

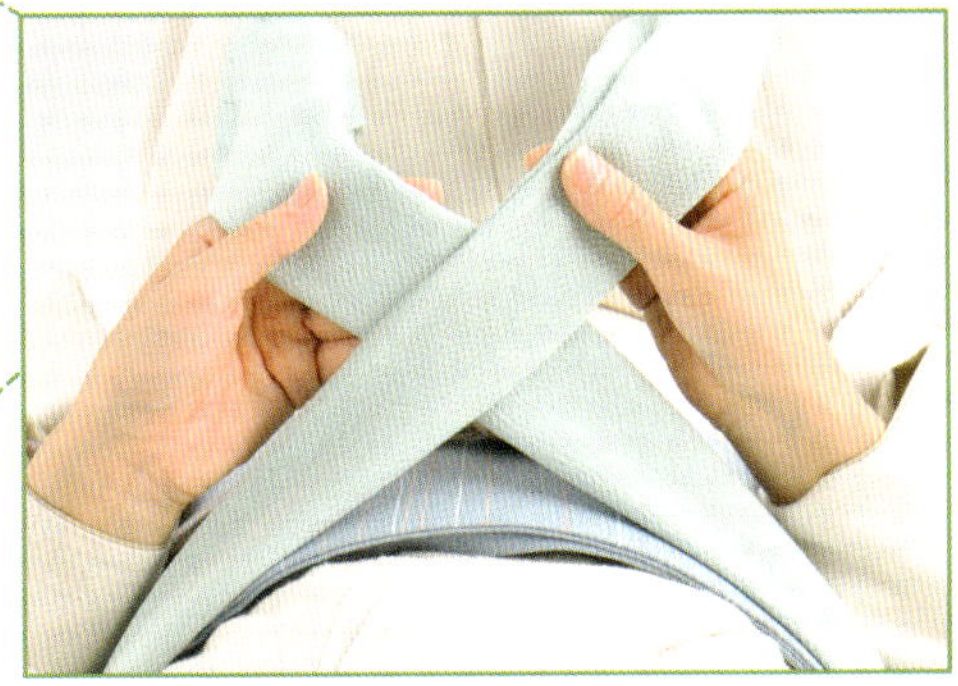

3 左上になるように重ねる

反対側も同じように折りたたんでしわをとったら、左側が上になるように重ねます。このとき、両側とも折山が上を向くように。

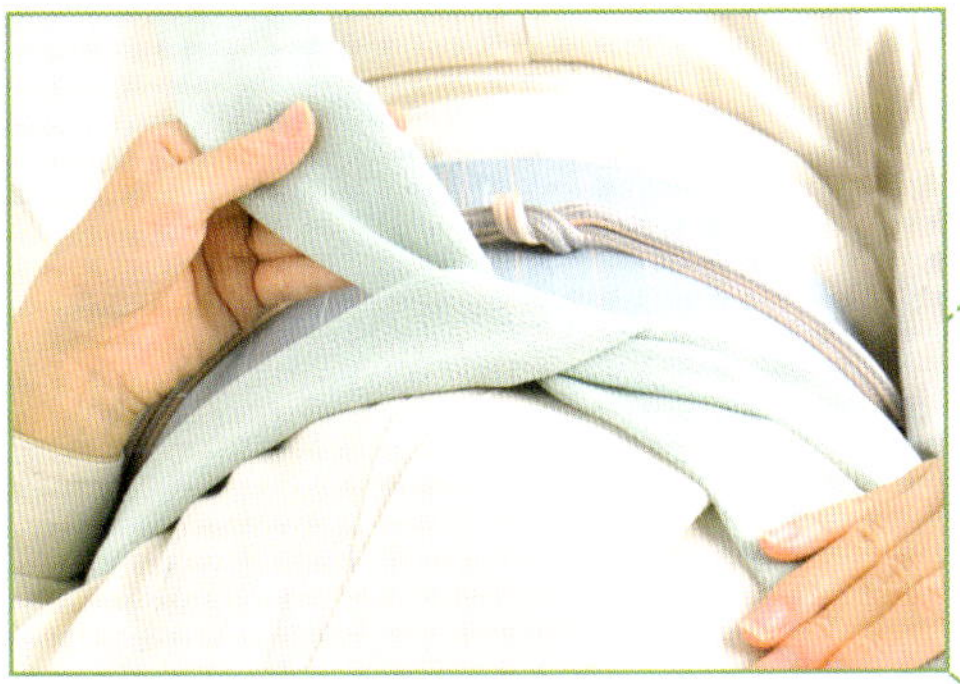

4 結ぶ

左側を下から通し、斜めに引っ張って結びます。

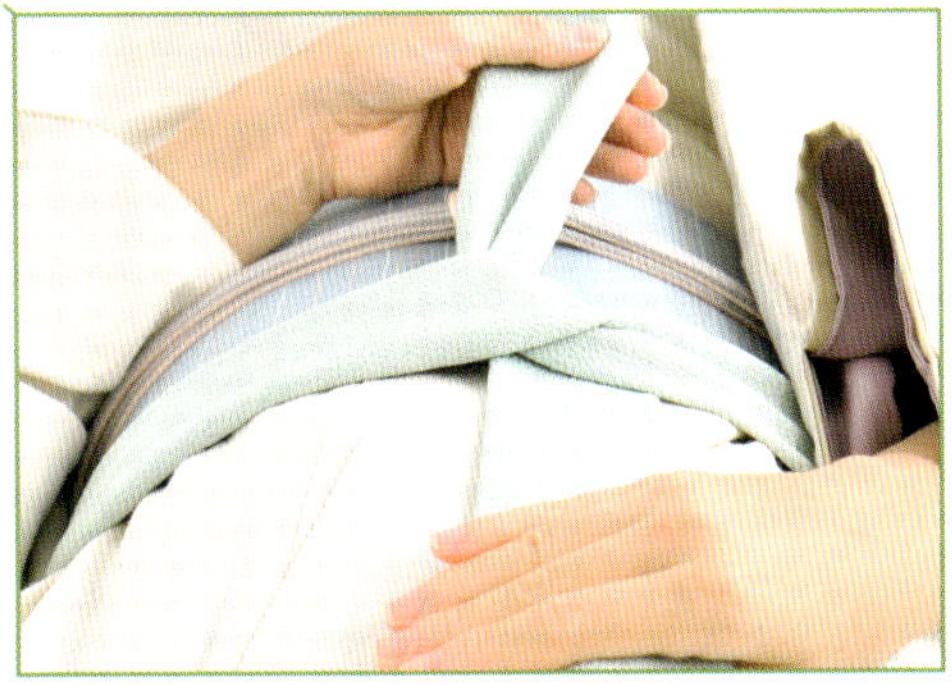

5 縦にする

結んだ部分がゆるまないように気をつけながら、縦にします。

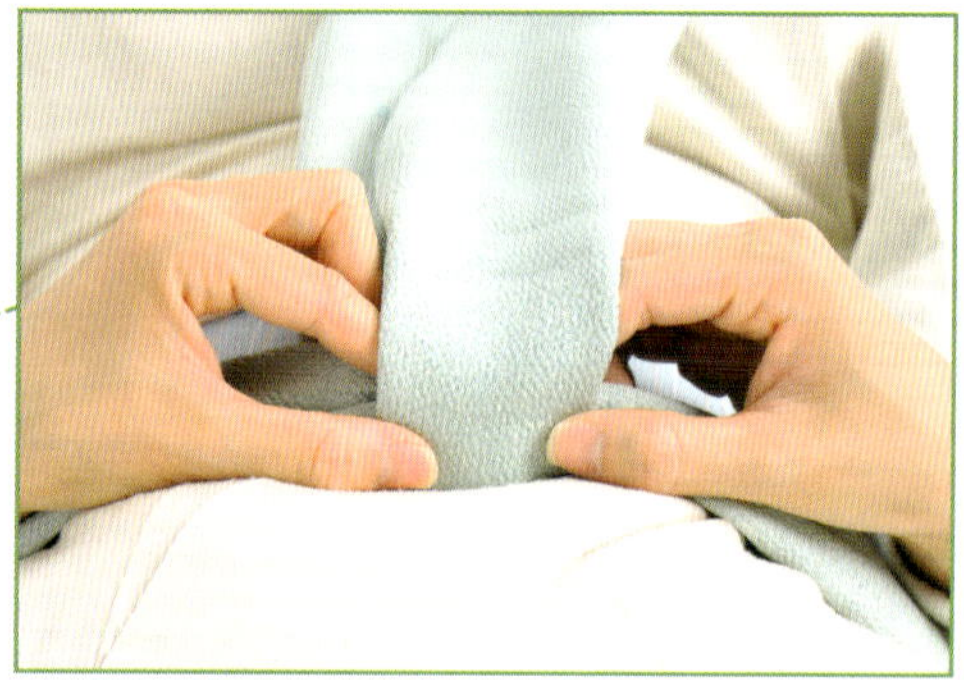

6 結び目のしわをとる

結び目を親指以外の指で押さえながら、上側の帯揚げの根元にあるしわを、親指で左右にしごいてとります。

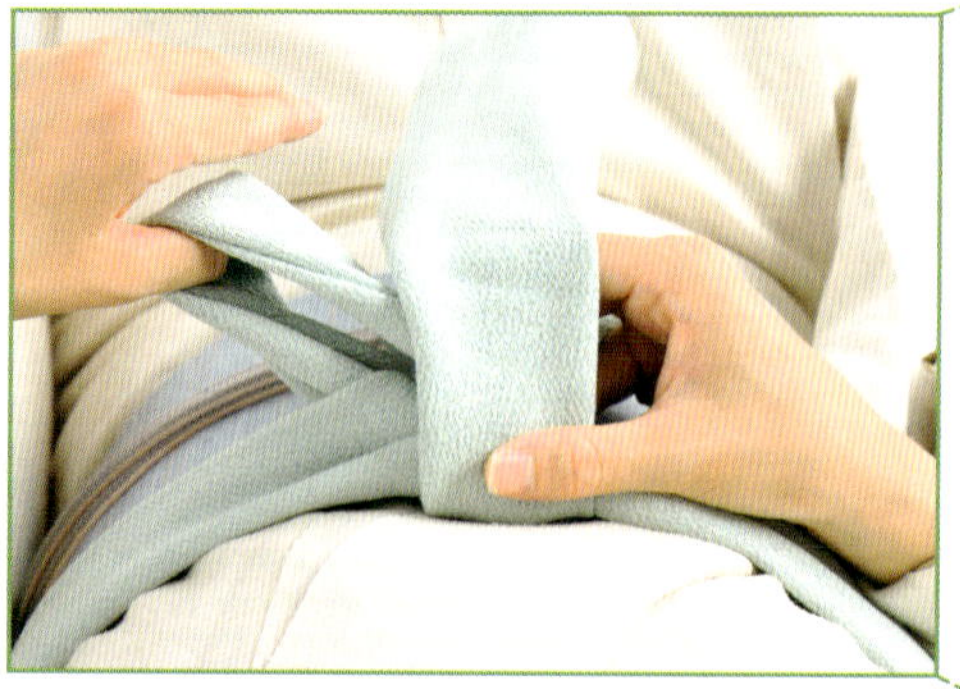

7 下側の帯揚げで輪を作る

右手で結び目を押さえたまま、下側の帯揚げで輪を作ります。

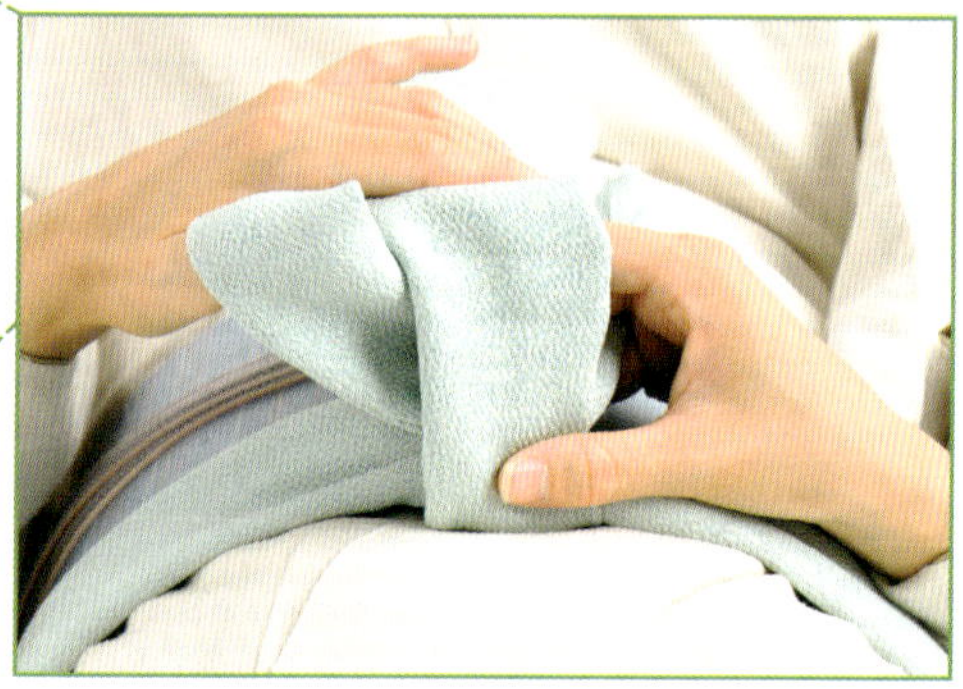

8 上側の帯揚げを輪に通す

輪の中に、上側の帯揚げを下から通していきます。

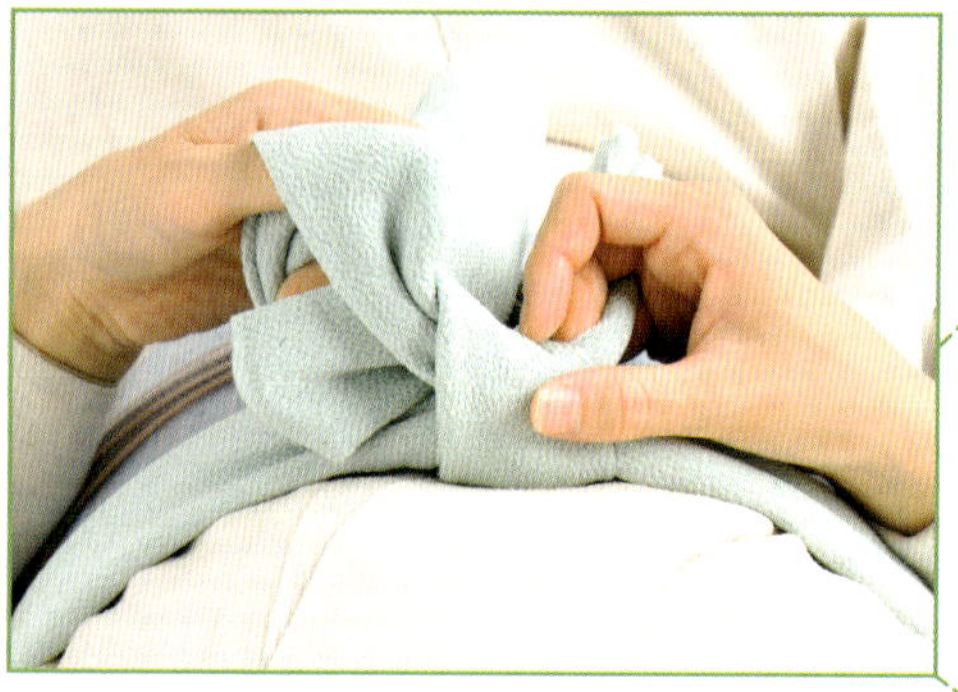

9 引き抜く

右手で中心を押さえたまま、下側の帯揚げを引き抜いていきます。

10 中心を押さえる

すべて引き抜いたら、両手の指で中心を押さえて両方の帯揚げを持ちます。

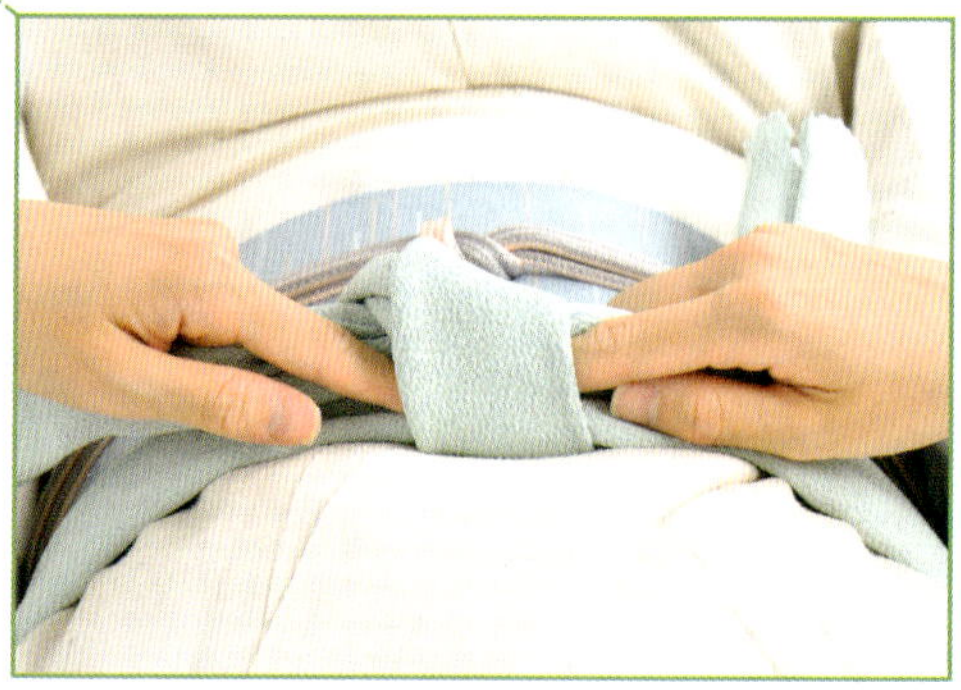

11 左右に引く

ゆっくり左右に引いて、結びます。結び目にしわが寄っていたら、きれいにならしておきましょう。

12 先端から折りたたむ

帯揚げの先端から結び目の近くまで、くるくると折りたたみます。

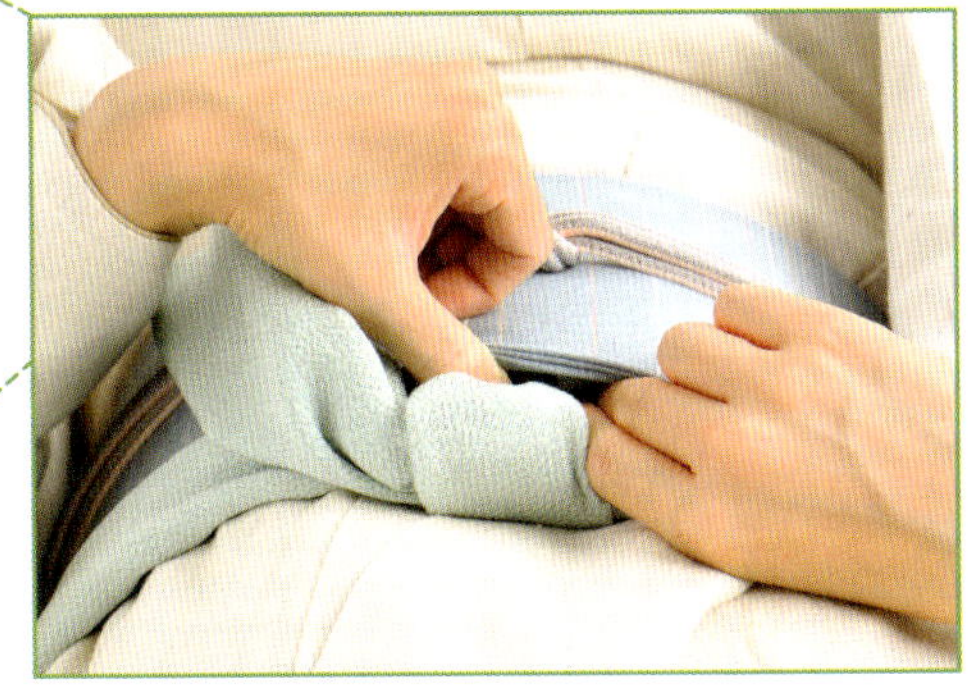

13 帯にしまう

折りたたんだ部分を、前帯と着物の中にグッと深く入れ込みます。反対も同様にしましょう。

14 完成（正面から見た図）

折りたたむときは端からではなく、脇の近くで

最初に帯揚げをたたむとき（プロセス①）に間違いがちなのが、「先端」を折りたたんでしまうこと。帯揚げの先端は前帯の中へ入れ込むので、そこを折っても意味はありません。脇から20㎝くらいの場所で折りたたみましょう。

楽に着るためのポイント

腰紐はアイロンをかけておく

腰紐を結ぶ位置が正しくても、腰紐にしわが寄って細くなっていると、締め付け感が強くなってしまいます。事前にアイロンで伸ばしておき、面で結ぶようにしましょう。

腰紐のしわはとっておきます。

裾よけの紐は結ばない

裾よけは、もっとも肌に近い位置につけるアイテム。結び目を作ると、体に結び目が食い込んで、着心地が悪くなることもあります。また、着物を着てからでは直すことができません。結ばず、からげて挟むだけでOKです。

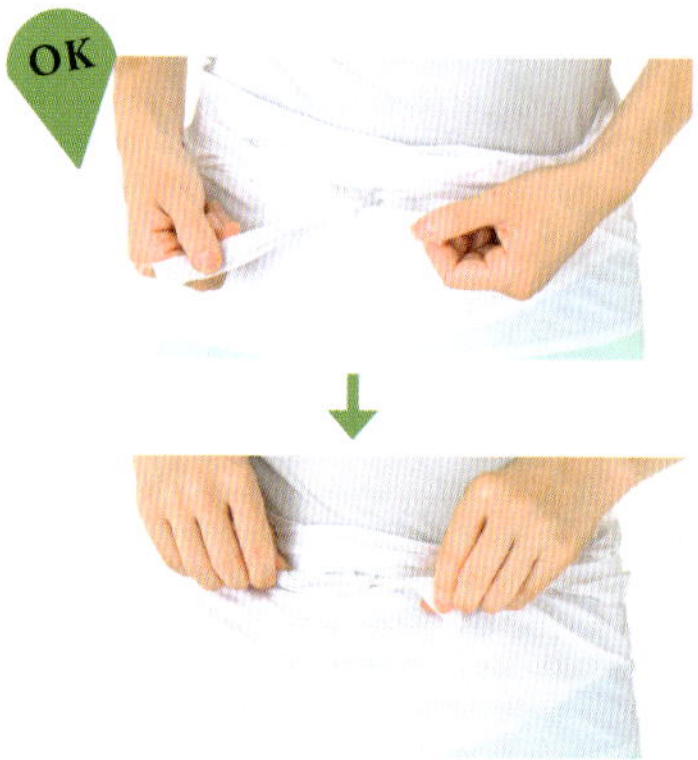

紐はからげ、左右に挟み込みます。

結び目を作ると、体に食い込んで痛くなることも。

腰紐はおへそのすぐ下で結ぶ

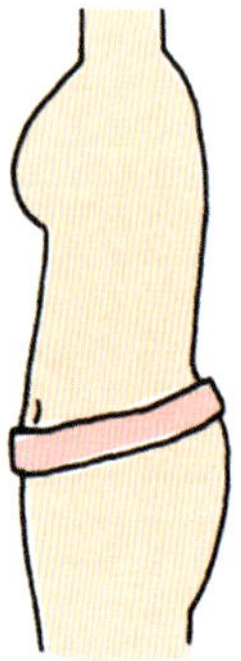

腰紐はおへそのすぐ下で、やや後ろ上がりに。

着物を着付けるとき、最初に結ぶ腰紐。この腰紐がゆるいと裾が崩れてしまうため、とても重要な部分です。おへそのすぐ下で結ぶとしっかり固定され、着心地もよくなります。また、後ろ上がりになるように結びましょう。

ウエストにタオルなどを巻く

ウエストにタオルを巻く補正は、ウエストの曲線をなだらかにする目的のものですが、締め付けに弱い人にも効果的です。上半身に巻く腰紐や伊達締《だてじ》めの締め付け感を軽減させることができます。

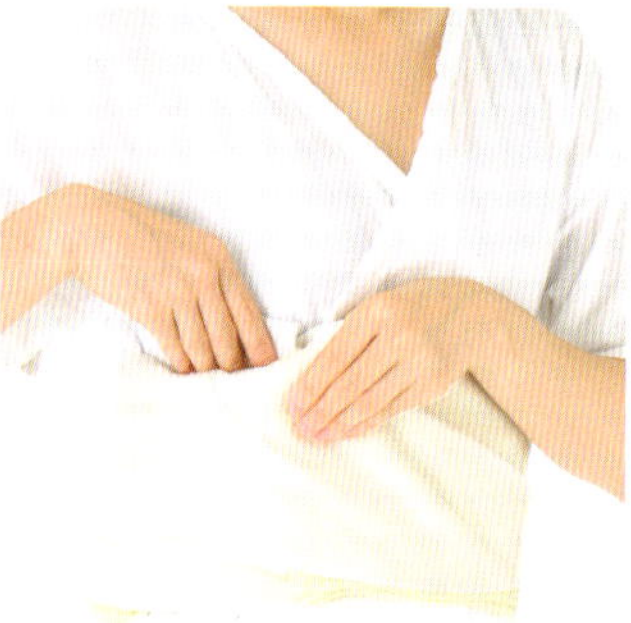

ウエストに巻き付けておくと、締め付け感を解消します。

上半身の腰紐は高くしない

上半身の腰紐は、その位置が大切です。アンダーバストの位置だと、ウエストに補正で巻いたタオルより上に結ぶことになり、締め付け感を感じることもあります。おへそから5cm上の位置にすると、快適な着心地になります。

アンダーバストの位置だと、締め付け感があります。

おへそから5cm上くらいで結ぶのが正解です。

帯枕の紐を奥まで入れる

帯枕の紐の結び目は、できるだけ深く前帯に入れ込みます。入れ込みが浅いと、結び目がみぞおちにあたって痛くなることも。また、深く入れ込むことで、帯枕が背中にしっかり密着します。

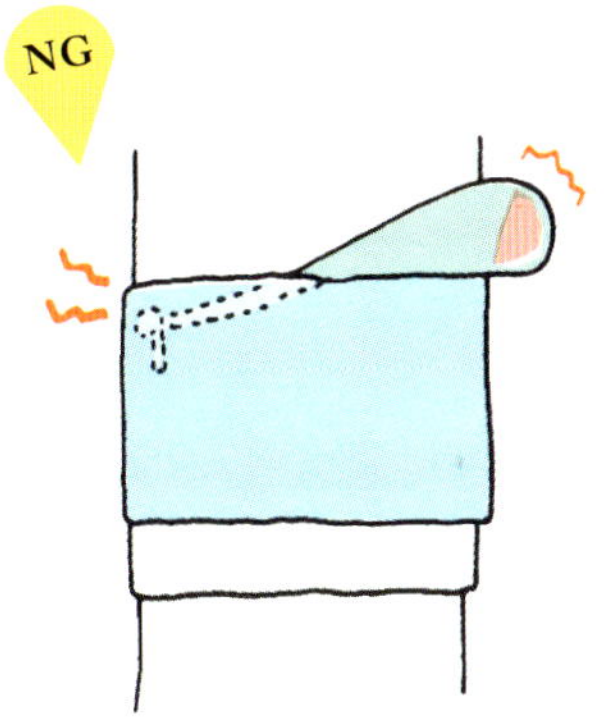

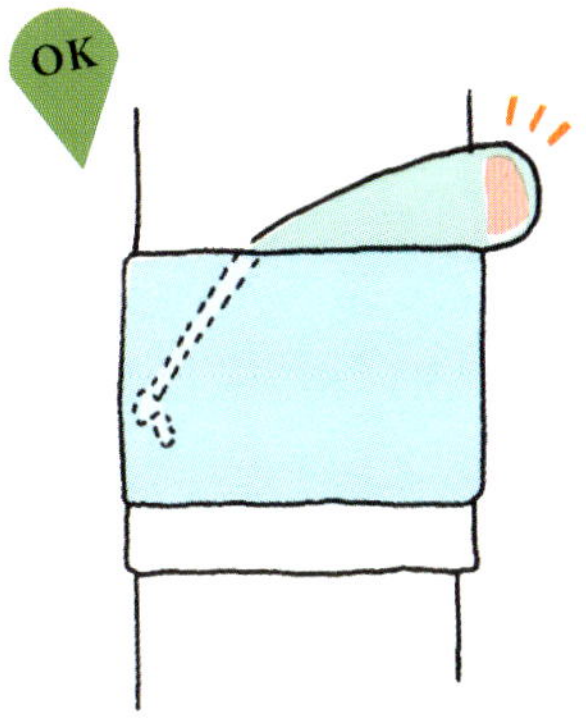

結び目を深く入れ込むと帯枕が背中につきますが、浅く入れただけだと、帯枕がゆるみ、背中から浮いてしまうことも。

帯は下から持つ

帯を胴に巻き付けるときや締めるときは、帯の下線を持ちます。上線を持って締めると、上側が締まってしまい、アンダーバストあたりが苦しくなってしまいます。

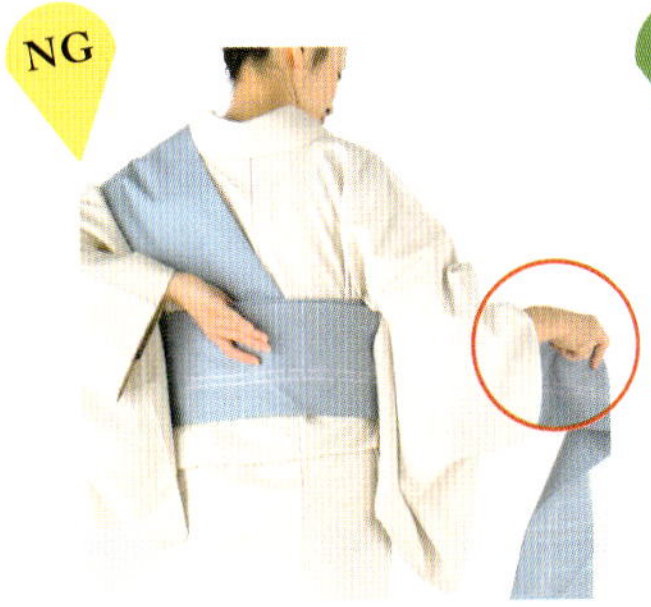

帯の上線を持つのはNG。

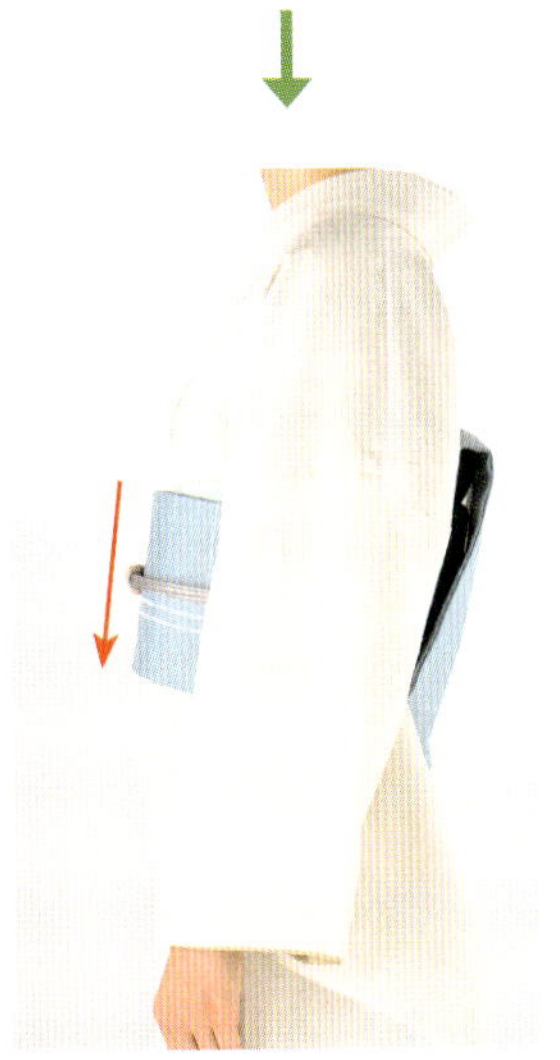

帯の上部が締まっていると、締め付け感が出るうえ、姿勢が悪く見えてしまいます。

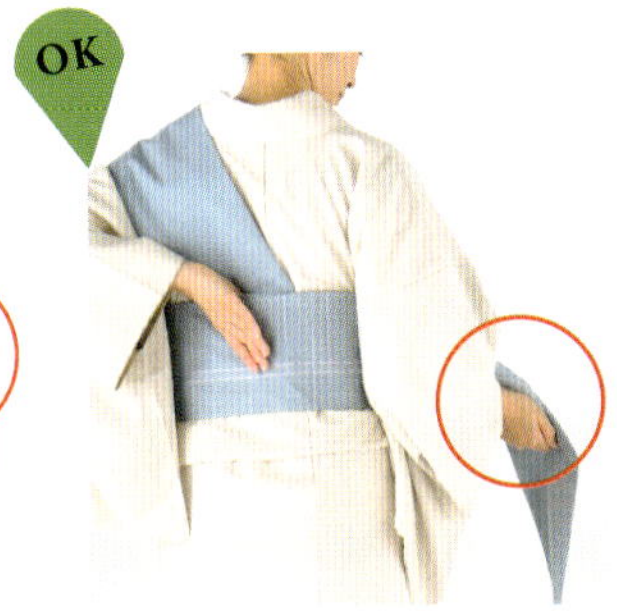

帯の下線を持って締めます。

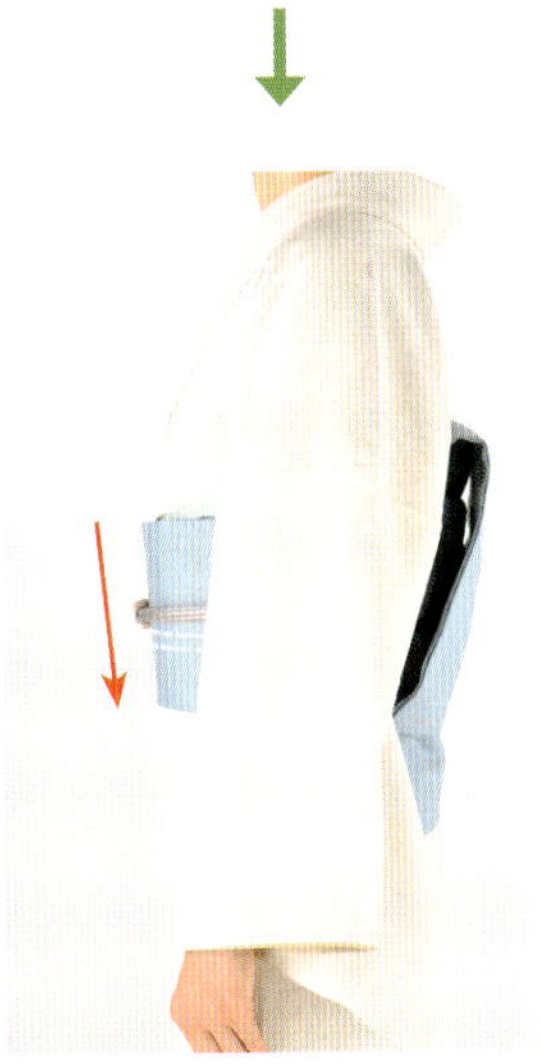

帯の下部が締まっていると、締め付け感がなくなるうえ、着慣れた着姿になります。

チェック&修正

裾線の高さ

腰紐を結んだあと（P33のプロセス⑬）、裾の長さを確認しましょう。床すれすれの長さになっているのが正解です。裾が床から離れていて短すぎる場合は、裾をかかとで踏んでからひざを伸ばすことで、長くすることができます。

裾が短すぎです。

裾は床すれすれになるように。

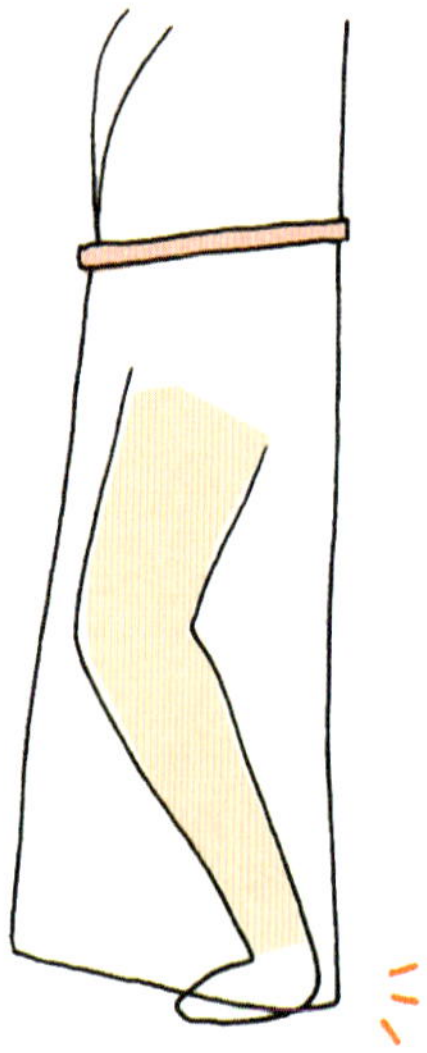

後ろの裾をかかとで踏むことで、裾を長くすることができます。

おはしょりの長さ

おはしょりは、帯の下線から人差し指1本分がベスト。しかし、帯を結ぶ前では、適切な長さかどうかわかりづらいもの。骨盤を目安におはしょりの長さを測りましょう。長い場合は、伊達《だて》締《じ》めを結ぶ前に上に持ち上げ、短くしておきます。

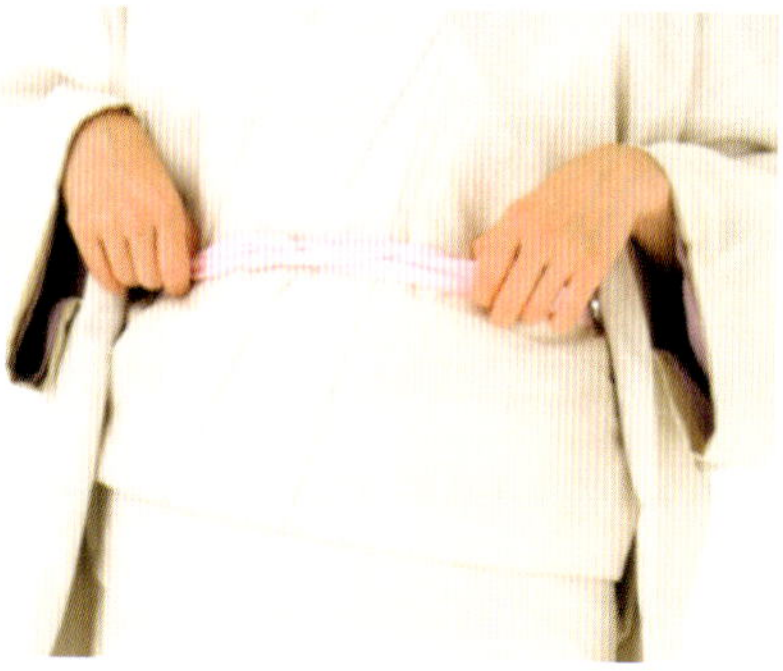

おはしょりの長さが適切かどうかわかりづらい。

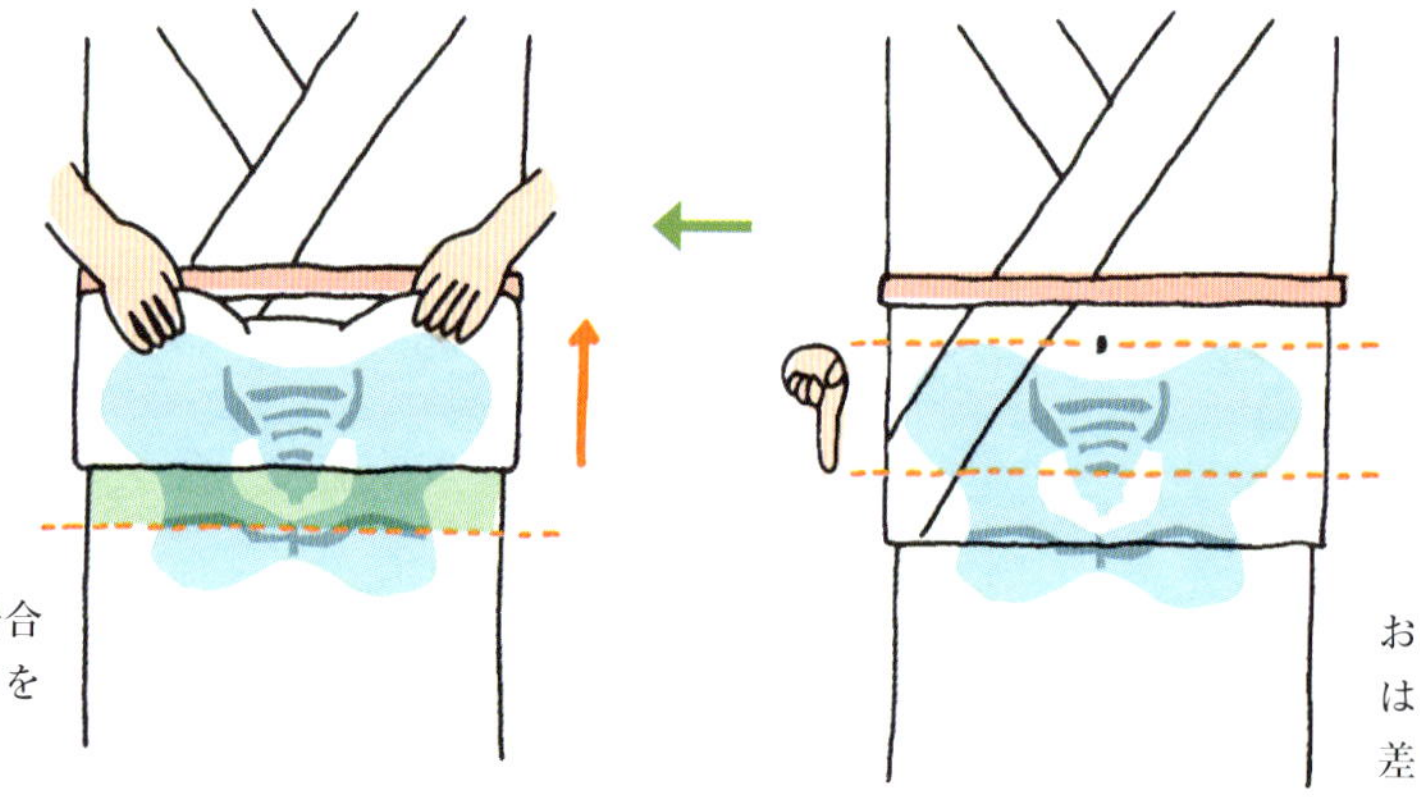

おはしょりが長い場合は、持ち上げて長さを調節しましょう。

おはしょりの下ラインは、腰骨の上側から人差し指1本分が目安。

おはしょり線

床に対しておはしょり線が平行だときれいですが、上前の褄先《つまさき》をやや持ち上げて着るので、実際は斜めになります。おはしょりの左腰骨のほうがやや下がっているのは、正しく着られている証拠。気になるなら、左側を少し持ち上げてから伊達締めで押さえます。

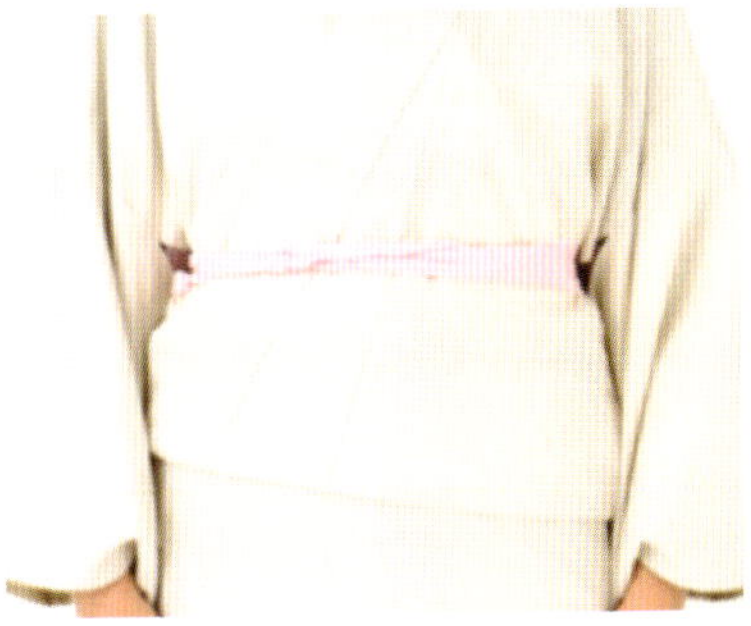

正しく着られているとき、おはしょり線は斜めになります。

斜めのおはしょりが気になるなら、左側を少し持ち上げます。

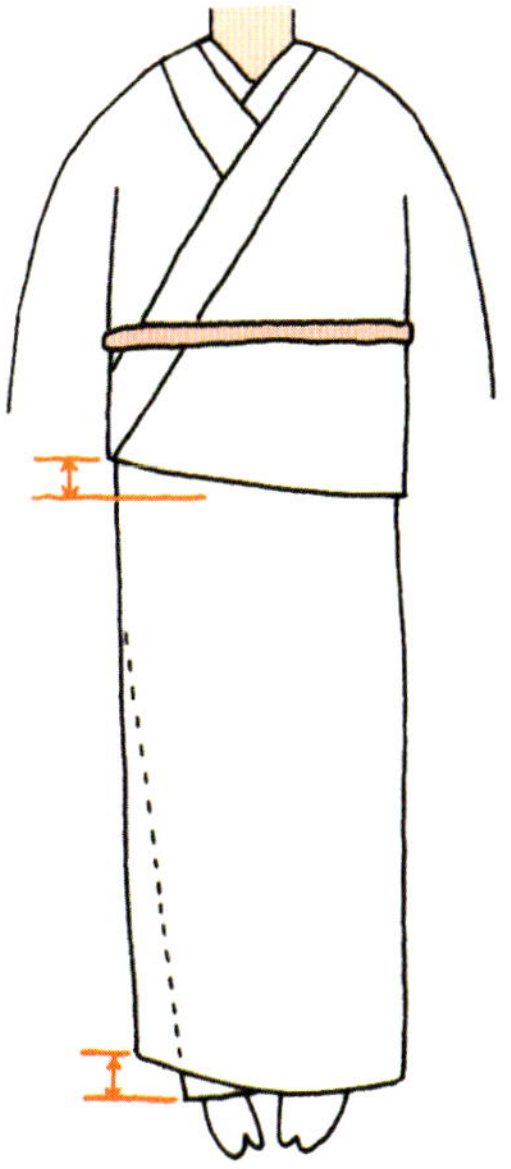

褄先を少し上げているので、左側のおはしょりが長くなります。

お太鼓の「て」の長さ

お太鼓に通した「て」は、お太鼓の左右の端からそれぞれ2㎝ほど出すのが、よいバランス。「て」が長い場合は、お太鼓の左側の「て」を中に折り込んで、長さを調節しましょう。

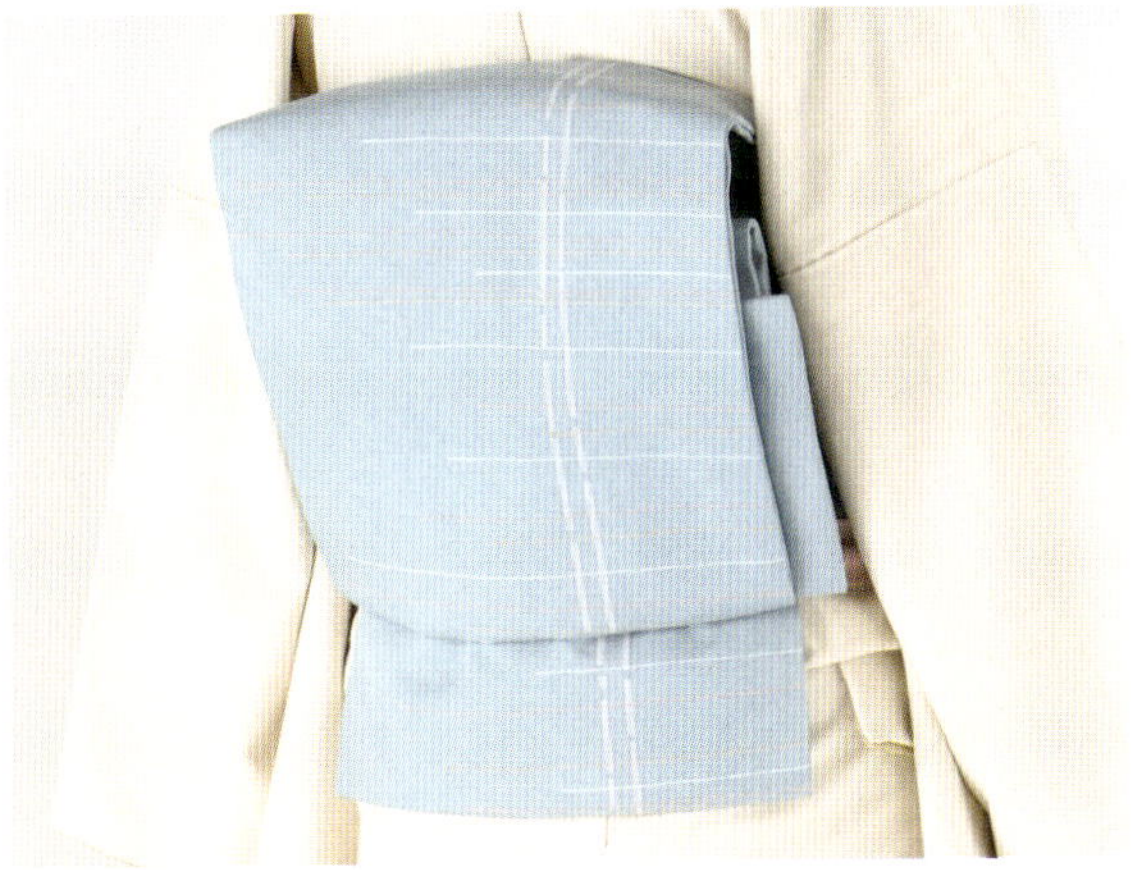

「て」はお太鼓の左右の端から2㎝ほど出します。

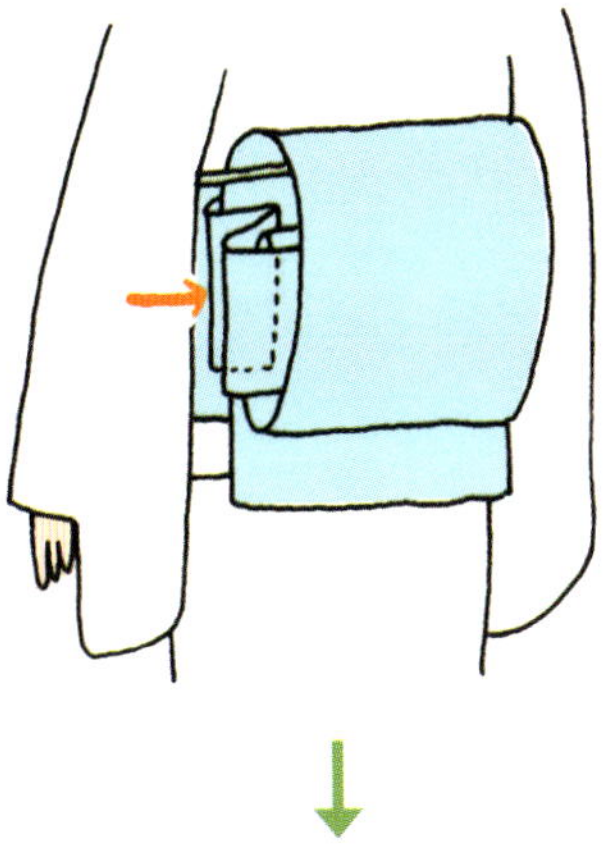

「て」が長いときは、お太鼓の左側できれいに折り込みます。

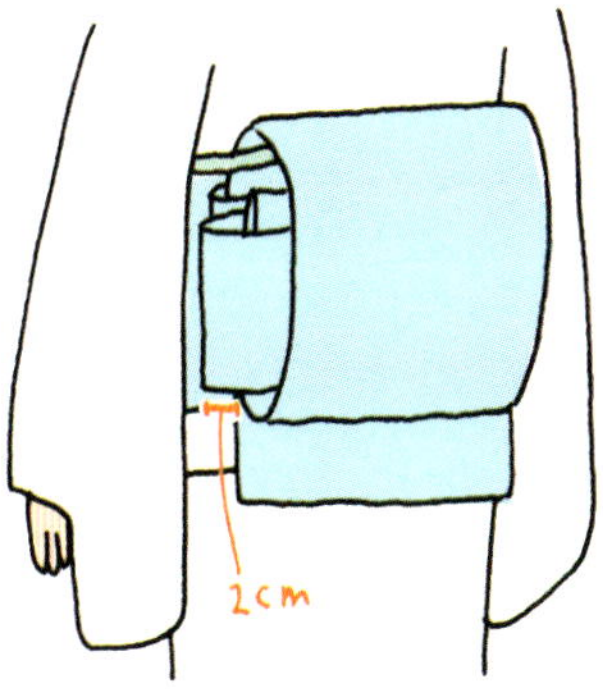

お太鼓の端から2㎝ほど出しましょう。

最後のひと手間

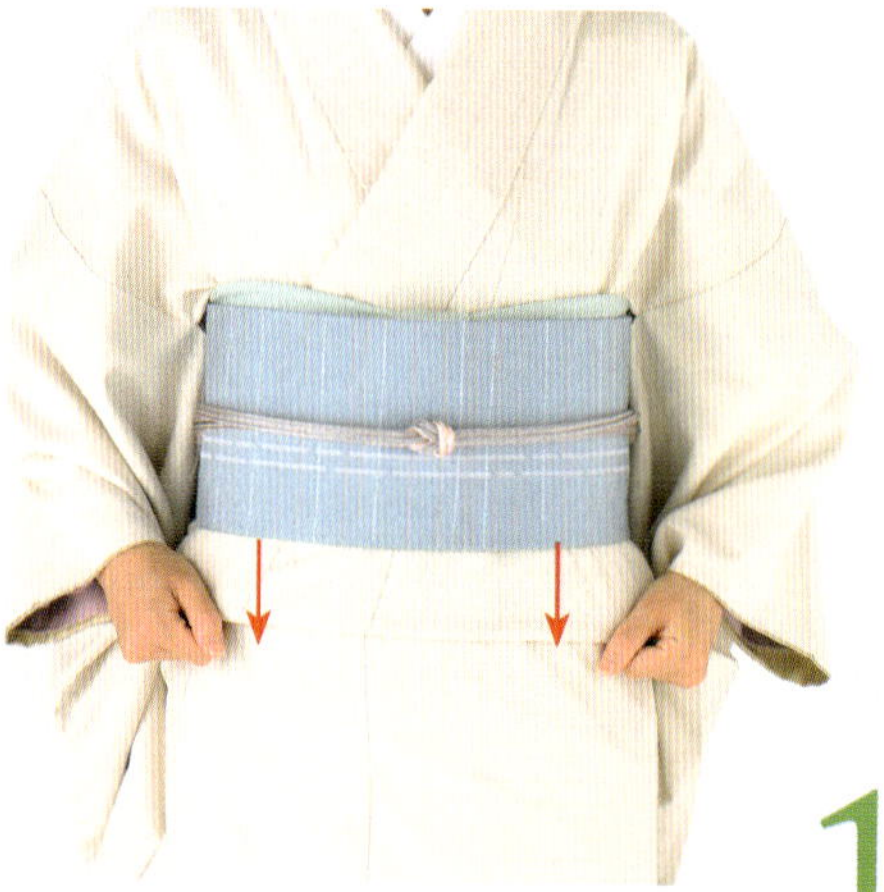

1 上半身のたるみをとる

帯を結ぶ際に腕を動かすため、着物の衿元や脇にたるみができることもあります。着物のおはしょりを下に引っ張って、上半身のたるみなどをすっきりさせます。着物の中の空気を抜くような感じで引きましょう。

2 おはしょりをなでる

おはしょりの右端で右手の指4本の背を体に押し付けるように押さえておきます。次に、左手を前帯の中へ入れ、力を入れて、指4本の背を体に押し付けるように左側にスライドさせます。しわやたるみがとれます。

3 帯の中心をやや下げる

前帯の中心を両手で持ち、グッと下へ押します。帯が前下がりになることで、前帯の上にゆとりができ、快適な着心地になります。また、バランスのよい着慣れた着姿になります。

4 衿元のゆるみをとる

長襦袢《ながじゅばん》と着物の衣紋《えもん》の間にすき間があるときは、着物の裾をまくり上げたあと、衣紋抜《えもんぬ》きやその両端の生地をつまみ、下に引っ張りましょう。このひと手間で、長襦袢と着物の衣紋の間にあるすき間がなくなります。

MEMO

{着物のなるほど} 理由がわかると、コツがつかめる

おはしょりなし

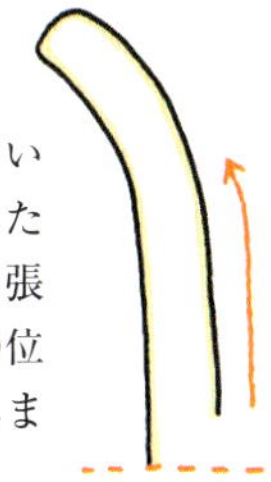

おはしょりがないと、おじぎをしたとき、布が引っ張られて、裾線の位置が変わってしまいます。

おはしょりあり

着物の身頃は、前の裾から後ろの裾まで、1枚の布でできています。おはしょりがあると、おじぎをしたとき、上半身の動きが下半身に響かず、裾線の位置も変わりません。

おはしょり

おはしょりは女性の着物において、なくてはならない部分。おはしょりというタックを腰にとることで、上半身と下半身の動きを分散させることができます。そのため、動いても上下の動きが連動せず、着崩れを防いでくれるのです。ちなみに、男性の場合はおはしょりを作らずに着るため、上半身にある程度たるみを作り、ゆとりを持たせます。結果、動きやすくなり、着崩れも防げます。

帯揚げ、帯締め、帯枕

お太鼓結びなどの帯結びは、帯単体では形を作ったり、保つことができません。帯枕や帯揚げ、帯締めを使うことで、はじめて帯結びを作ることができ、また、きれいな形を保つことができます。

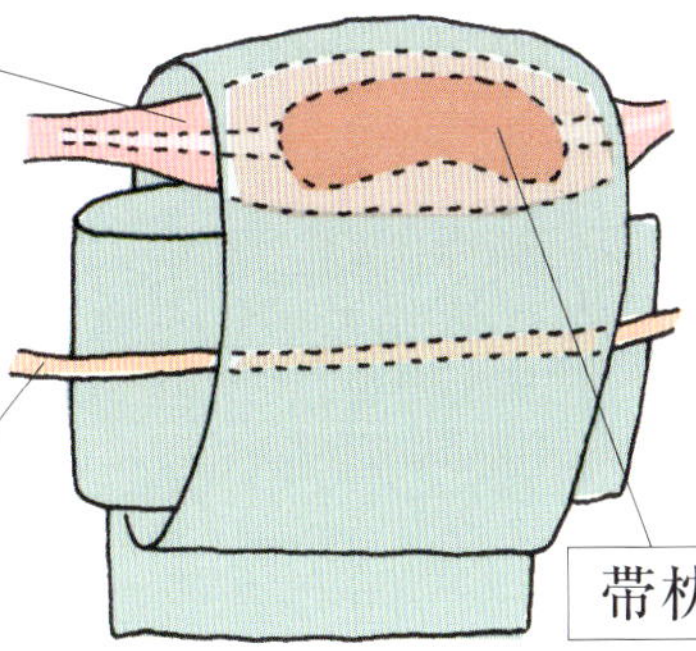

帯揚げ

帯枕を目隠しするための装飾アイテム。帯揚げがないと、帯枕が丸見えになります。

帯締め

帯結びを支えるための補助アイテム。帯締めがないと、帯結びが崩れてしまいます。

帯枕

お太鼓の上部の形をふっくらさせるという役割があります。

時間を意識した着付け

着付けのプロセスを学んだら、そこから先は練習あるのみです。この際、繰り返し着付けて、プロセスを頭に入れることはもちろん、着付けにかかる時間を意識しながら練習することも大切です。

最初のうちは、足袋《たび》をはいてから帯を結び終わるまでに、1時間近くかかるのが一般的。しかし、着付けに慣れている人は、15分ほどで完了することができます。

では、初心者はなぜ時間がかかってしまうのでしょう？ それは、ひとつのプロセスに時間をかけすぎるから。次のプロセスに進んでもいいのに、あちこち触ったり直したりと、落ち着きません。どの状態になれば次のステップへ進んでよいかわからないのです。

本書では、各アイテムの最後に完成形のOKとNGを載せました。2つをくらべ、どこが違うのか確認してみてください。そして、それぞれの姿を頭にインプットすることをおすすめします。きれいな着姿と、きれいではない着姿、それぞれを理解しておくことで、次のプロセスに進むためのジャッジができるようになります。そうすれば、着付け時間が少しずつ短くなっていくはずです。

それと同時に、DVDの「ナチュラルスピード 15分で着る」を見ながら、同じ速さで着てみましょう。このとき、途中で直したくてもそこで立ち止まらず、DVDの動きに合わせて進むのがポイント。素早く着付けられる人の、一連の流れやスピードを体感することができます。

これはスピード感を把握することが目的なので、着付けた着姿がぐずぐずになっても大丈夫。一度体感するだけでも、次に着付けるとき、余分な動きが少なくなっているのがわかるはずです。

完成形を理解しながら着付ける練習、そして、素早く着付ける練習を繰り返すことで、短時間できれいな着付けが身につきます。

きれいな着姿編

CHAPTER

2

「着物を着てお太《たい》鼓《こ》結《むす》びを結ぶ」基本を覚えたら、次は、「きれいな着姿になる」ことを目指しましょう。難しいことはありません。ちょっとしたコツを実践することで、満足できる着姿になります。

やわらかい着物とハリのある着物

やわらかい着物

生地のやわらかさや重みによって、輪郭などにゆるやかな曲線が出ます。体にふわりと沿う着こなしが魅力的。

衣紋《えもん》はやや多めに抜く

裾丈は床すれすれに

下前は床から15㎝くらい

褄先《つまさき》は床から7㎝くらい

ハリのある着物

ハリのある着物は、肩に沿ってほどよいラインが保たれます。そのハリ感、生地の風合いを生かした着付けに。

衣紋は控えめに抜く

裾丈は床から2㎝くらい上がっていてもOK

下前は床から10㎝くらい

褄先は床から5㎝くらい

やわらかい着物を着るときのポイント

やわらかい着物はハリのある着物にくらべ、滑りやすく、また、重さもあるので、しっかり押さえながら着付けないと、すぐに崩れてしまいます。ポイントを頭に入れましょう。

下半身

左腰骨まで下前を巻き込んで上前を重ねるとき、左手を前に引っ張って体にしっかり密着させましょう。

右手を抜くときはゆっくり。そのあと、左のひじから先全体で下前が落ちないように押さえます。

腰紐をあててからは、左手を少しずつ左にスライドさせながら腰紐を巻くと、生地が落ちてきません。

上半身

下前の衿幅やおはしょりを整えたら左手で押さえておき、右手だけで上前の衿幅を整えていきます。

左手を抜くときは、下前の折り上げた部分が落ちないようゆっくり。そのあと、右手で押さえ直します。

生地が落ちやすいので、左手のひじから先全体を使って、折り上げた下前部分を押さえ直し、右手で腰紐をとります。

やわらかい着物、ハリのある着物とは？

着物や帯の生地には、織ったあとの反物《たんもの》に色をつける「染め」と、織る前の糸に色をつける「織り」があります。「染め」はやわらかい風合い、「織り」がハリ感のある風合いです。

染め

絵柄の輪郭がなめらかなのが特徴。代表的な着物に「小紋《こもん》」があります。

織り

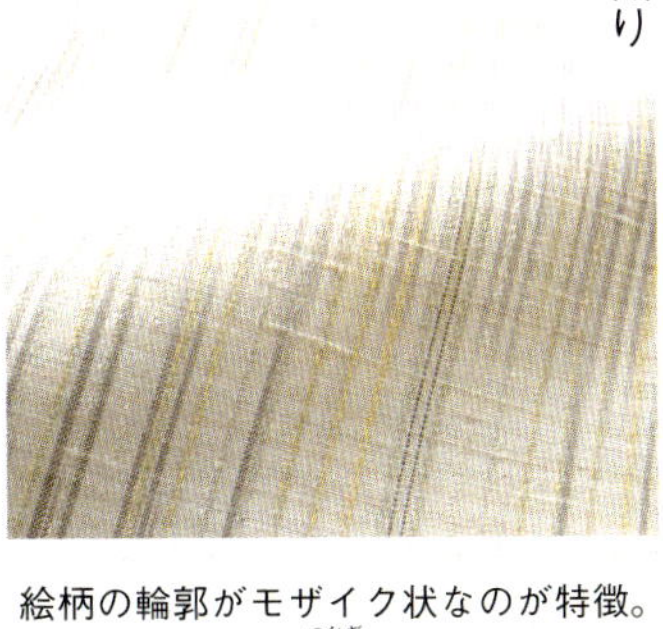

絵柄の輪郭がモザイク状なのが特徴。代表的な着物に「紬《つむぎ》」があります。

サイズの合わない着物

身丈《みたけ》が短い

身丈が短いと、おはしょりを作るのがたいへん。おはしょりが短くなったり、帯に隠れたりしてしまいます。人差し指1本分のおはしょりを作るためには、ウエストで結ぶ腰紐の位置を通常より5㎝ほど低くすること。また、おはしょりを作る余裕もないなら、腰紐をやや高めの位置で結び、おはしょりを作らない「対丈《ついたけ》」で着ます。

OK
腰紐の位置を通常より下げます

腰紐を5㎝ほど下げて結ぶと、おはしょりの位置も下がります。

NG
この部分のおはしょりが足りません

腰紐を通常の位置で結ぶと、おはしょりが短くなってしまいます。

身丈が長い

身丈が長いと、おはしょりが長くなってしまいます。子どもっぽく、また、野暮ったく見えるので、おはしょりの長さを調節しましょう。伊達締《だてじ》めを結ぶ前に、おはしょりを引き上げて、下がってこないように結びます。このとき、おはしょりの下線は、骨盤の上ラインから人差し指1本分下の位置を目安に。おはしょりを引き上げることで、ウエストまわりの補正代わりにもなります。

OK

長すぎる分のおはしょりを引き上げてしまいます。

NG
この部分のおはしょりが余分です

おはしょりの長さは、人差し指1本分が目安です。

下前は左腰骨で生地を折り返しておきます。

身丈が短いと、下前を巻き込むとき、衿元も引っ張られます。

身幅が広い

身幅が広いときは、下前《したまえ》を巻き込む際、左腰骨部分で折り返します。このとき、衿を持って両手を広げると、おしりに密着させづらくなるので、体に近い位置で下前の生地を多めに持ちます。また、身丈が短いと、下前を巻き込む際、衿まで生地が引っ張られます。身幅が広い着物を着るときは、身丈が短くないことが条件です。

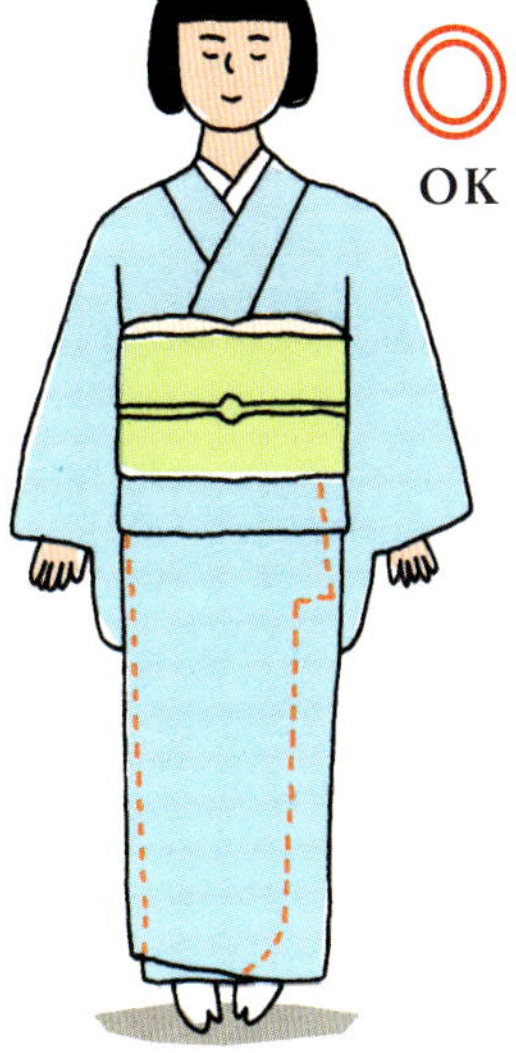

下前の端が左ももの中心にくればOK。これがギリギリの身幅です。

身幅が狭すぎると、裾がめくれたときに、長襦袢が見えてしまいます。

身幅が狭い

身幅が狭くても、下前の端が左ももの中心まで届けば、着ることができます。ただし、下前を巻き付けるとき、左腰骨で密着させることができないので、下前が落ちやすく、着るのがたいへん。上前《うわまえ》を巻き付けるとき、下前を持っていた左手をゆっくり抜くのがコツです。なお、下前の幅が左ももまで届かない着物は、裾がめくれたときに長襦袢《ながじゅばん》が見えてしまうので、着用はおすすめしません。

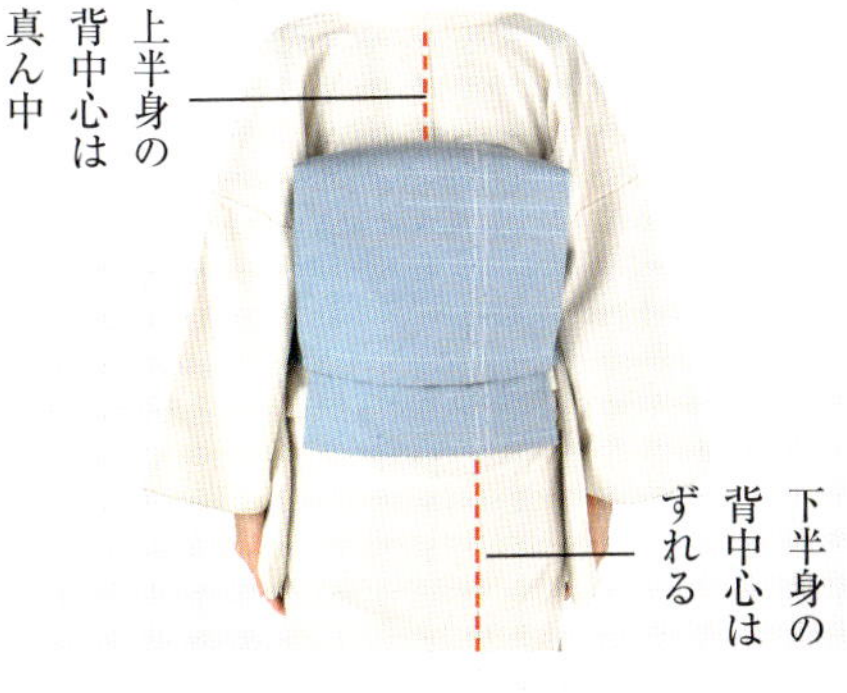

背中心について

着姿を後ろから見たとき、上半身の背中心はずれてはいけませんが、下半身の背中心は、右側（右腰骨側）に5㎝ほどずれるのが普通。身幅が広い着物だと背中心から右側に大きくずれ、身幅の狭い着物だと背中心より左側にずれます。

素材、仕立ての異なる名古屋帯

やわらかめの帯

やわらかめの帯は比較的結びやすいものの、帯枕の両端がへこみがちになります。気になるときは、長めの帯枕を使いましょう。また、しわもできやすくなるので注意します。

帯枕をあてると、お太鼓の上線にしわができやすい。

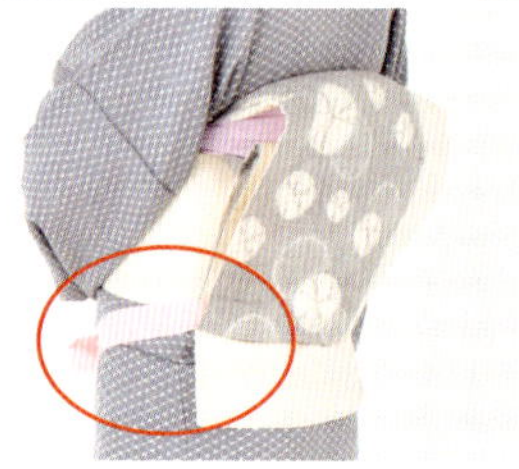

お太鼓の下線がゆるみやすいので、腰紐をやや下に。

かための帯

ハリのある生地や、かたい芯の入っている帯だと、結びづらいことも。帯結びのひとつひとつのプロセスを、折り紙を折る感覚で進めると結びやすく、すっきり決まります。

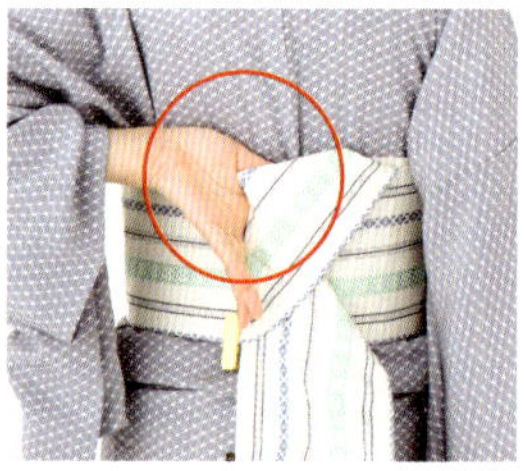

たるみで土台を作る部分をしっかり入れ込みます。

帯枕の下のたるみが多いときは、上から手でつぶします。

仕立ての違い

開《ひら》き仕立て	松葉《まつば》仕立て	名古屋《なごや》仕立て
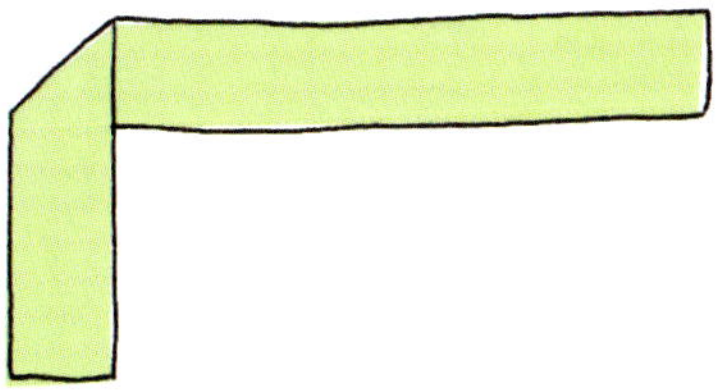 「て」から「たれ」まで一定の帯幅。「て」を幅半分に折りながら結ぶので、慣れるまではたいへんですが、前帯や「て」を広くしたい人におすすめ。	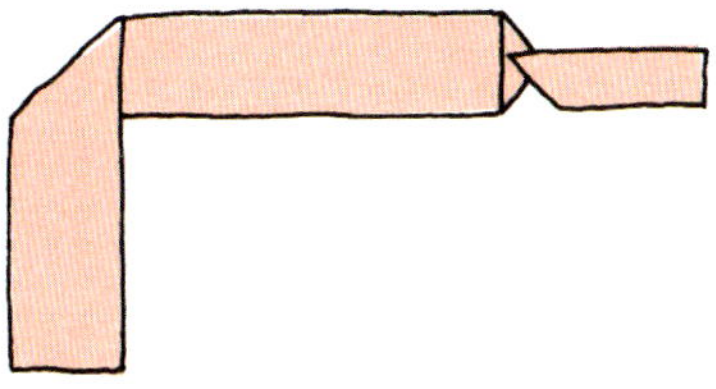 「て先」のみ数センチほど幅半分に折って縫われているため、結びやすいのが特徴。前帯を広くしたい人にもおすすめです。	 胴に巻く部分のみ、幅半分に折って縫い付けてあります。もっとも結びやすく、初心者におすすめです。
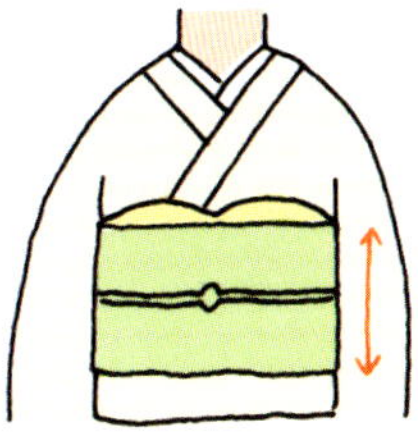 前帯を好みの幅に変えられます。	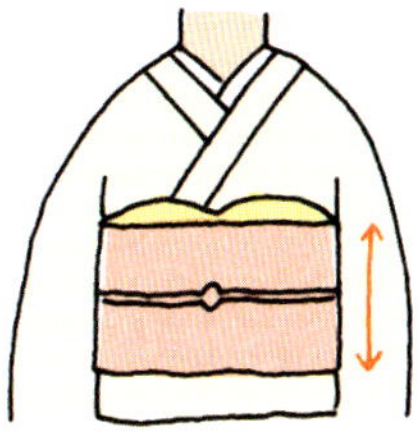 前帯を好みの幅に変えられます。	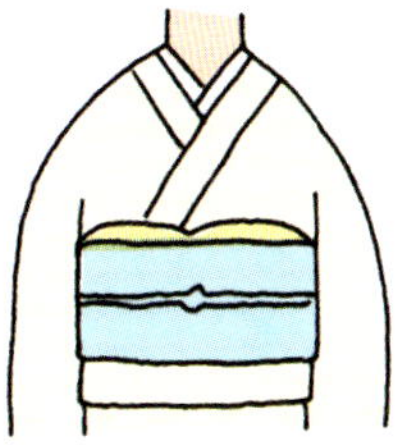 前帯の幅は、広げたり狭くしたりできません。
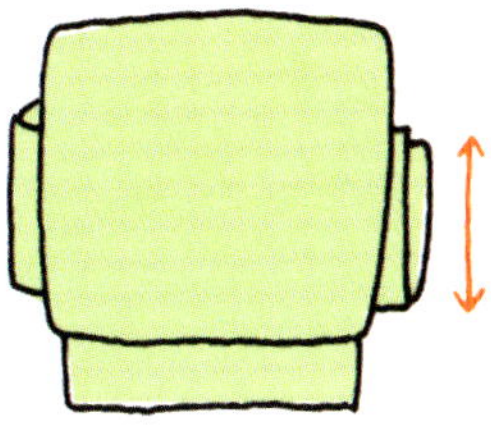 お太鼓の両側に見える「て」を好みの幅に変えられます。	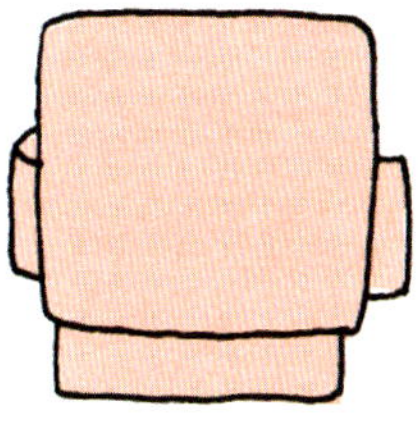 お太鼓の両側に見える「て」の幅は、広げたり狭くしたりできません。	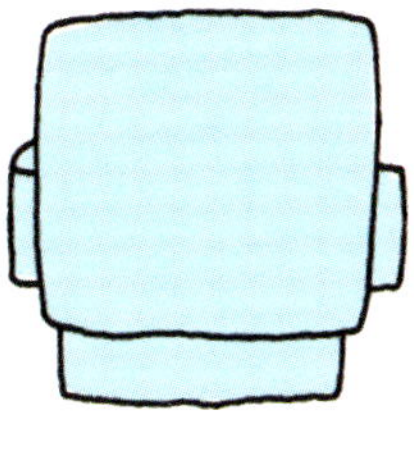 お太鼓の両側に見える「て」の幅は、広げたり狭くしたりできません。

お太鼓柄の帯を結ぶ

前帯の柄の位置

真ん中

一般的な配置。柄によっては真ん中すぎて違和感があることも。

右寄せ

帯が短いなど、やむを得ない場合以外は、あまりおすすめしません。

左寄せ

左右に寄せるとしたら左に。着物は左が上になるので、調和します。

帯の柄つけ

六通《ろくつう》

柄が全体の６割入っています。柄のない部分は、胴に巻いたとき、１巻き目になります。前帯やお太鼓の柄の出方を気にすることなく結べます。

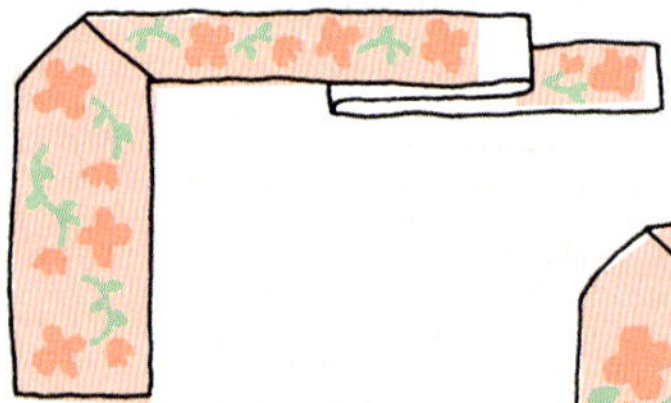

全通《ぜんつう》

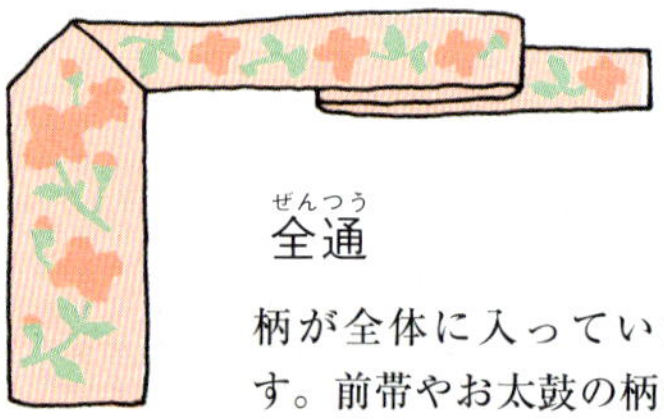

柄が全体に入っています。前帯やお太鼓の柄の出方を気にすることなく結べます。

お太鼓《たいこ》柄

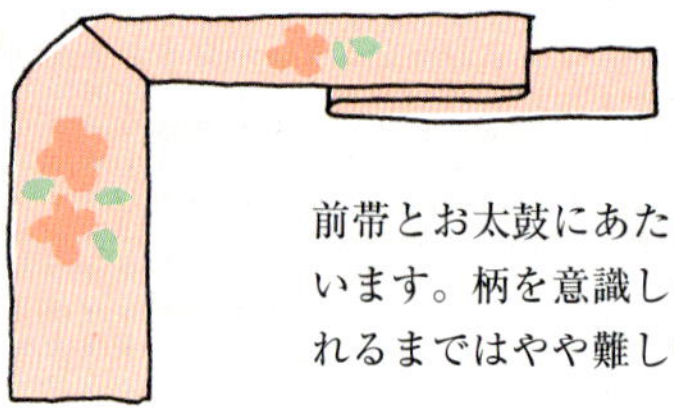

前帯とお太鼓にあたる部分に柄が入っています。柄を意識しながら結ぶため、慣れるまではやや難しい帯です。

お太鼓部分の合わせ方

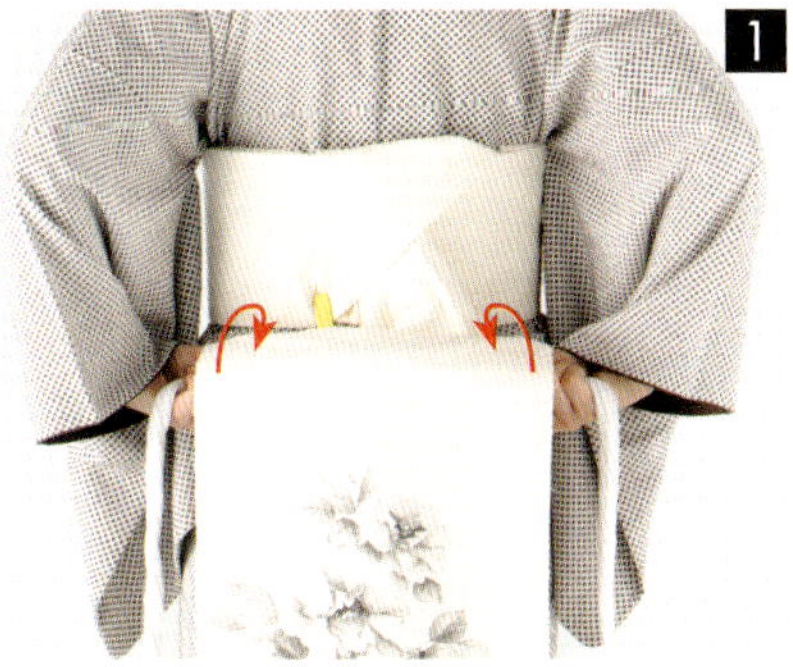

帯枕を帯の裏にあて、手首をひっくり返したら、鏡を見ながら柄の位置を確認します。

好みの位置に柄がきていないときは、親指で帯を送るように少しずつ動かし、柄を上下に移動させます。

柄の位置が決まったら、帯枕をあてている部分の帯にしわが寄らないよう、左右によくしごきます。そのあと、帯枕を背中にあてます。

でき上がり

前帯の柄の合わせ方

「お太鼓結び」を結ぶ流れで、帯を胴に巻き付けていきます。帯を少し締めたら、前帯の柄の位置を確認しましょう。

柄の位置を変えたいときは、胴に巻いた帯２枚を両手で下から持ち、柄が好みの位置にくるまでゆっくりずらします。

ずらし終わったところ。このあと、帯を締めると柄が５cmほど左にずれるので、あらかじめ配置したい位置の５cm右にずらしておきます。

体形に合った着付け

小柄

身長155cm以下の小柄な人は、前帯が広くておはしょりが長いと、帯から足元までが短くなり、より小柄な着姿に。帯の一般的な前帯の幅は15cm。前帯が広くならないようにし、おはしょりもやや短めにします。

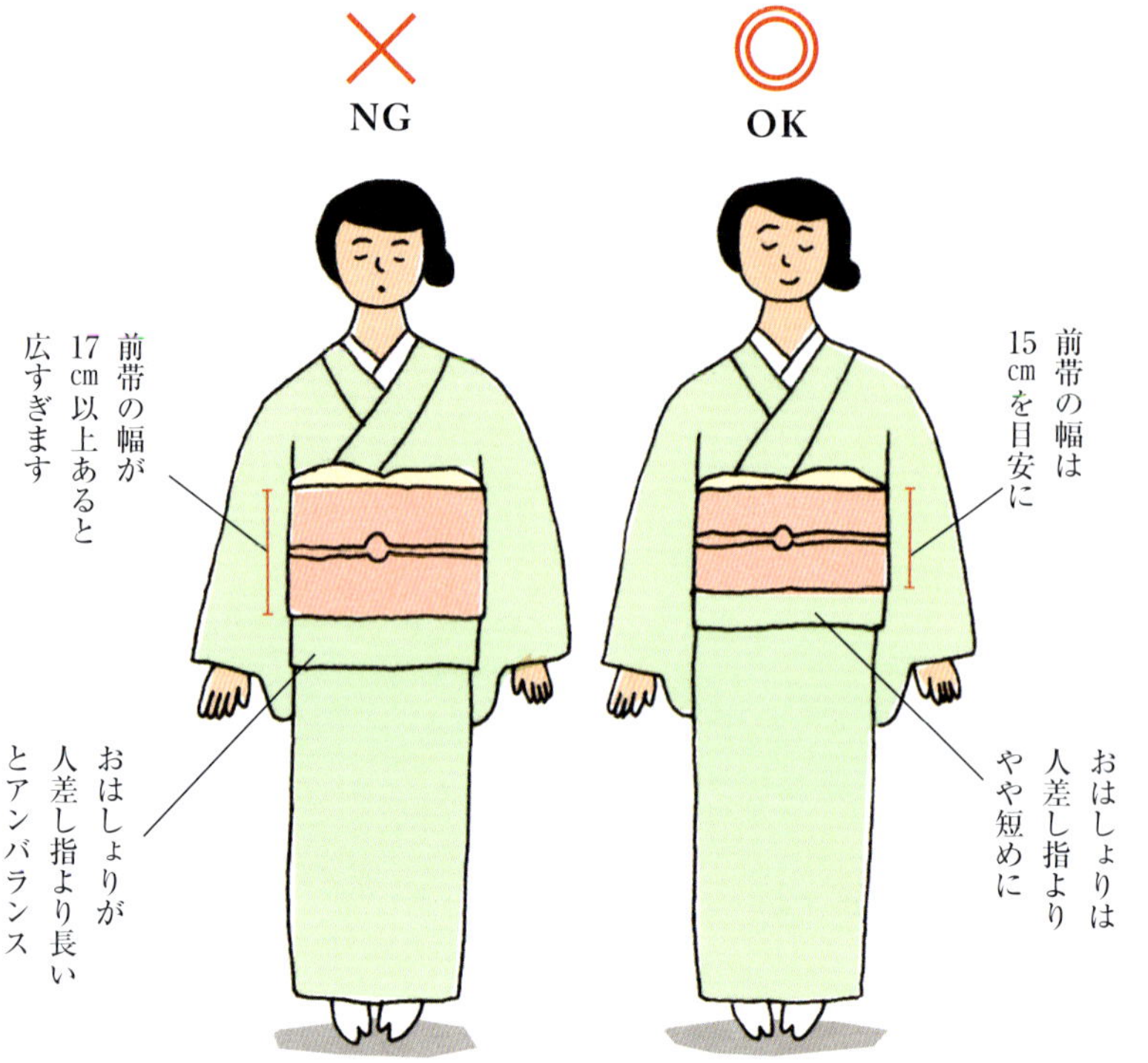

NG
- 前帯の幅が17cm以上あると広すぎます
- おはしょりが人差し指より長いとアンバランス

OK
- 前帯の幅は15cmを目安に
- おはしょりは人差し指よりやや短めに

長身

身長165cm以上の長身の人は、前帯が狭くておはしょりが短いと、帯から足元までが長くなり、アンバランスな着姿になります。前帯の幅が調節できる帯を選んで、幅を17cmに。おはしょりは人差し指の長さより短くならないようにします。

NG
- 前帯の幅が15cmだと狭すぎます
- おはしょりが人差し指より短いとアンバランス

OK
- 前帯の幅は17cmを目安に
- おはしょりは人差し指の長さに

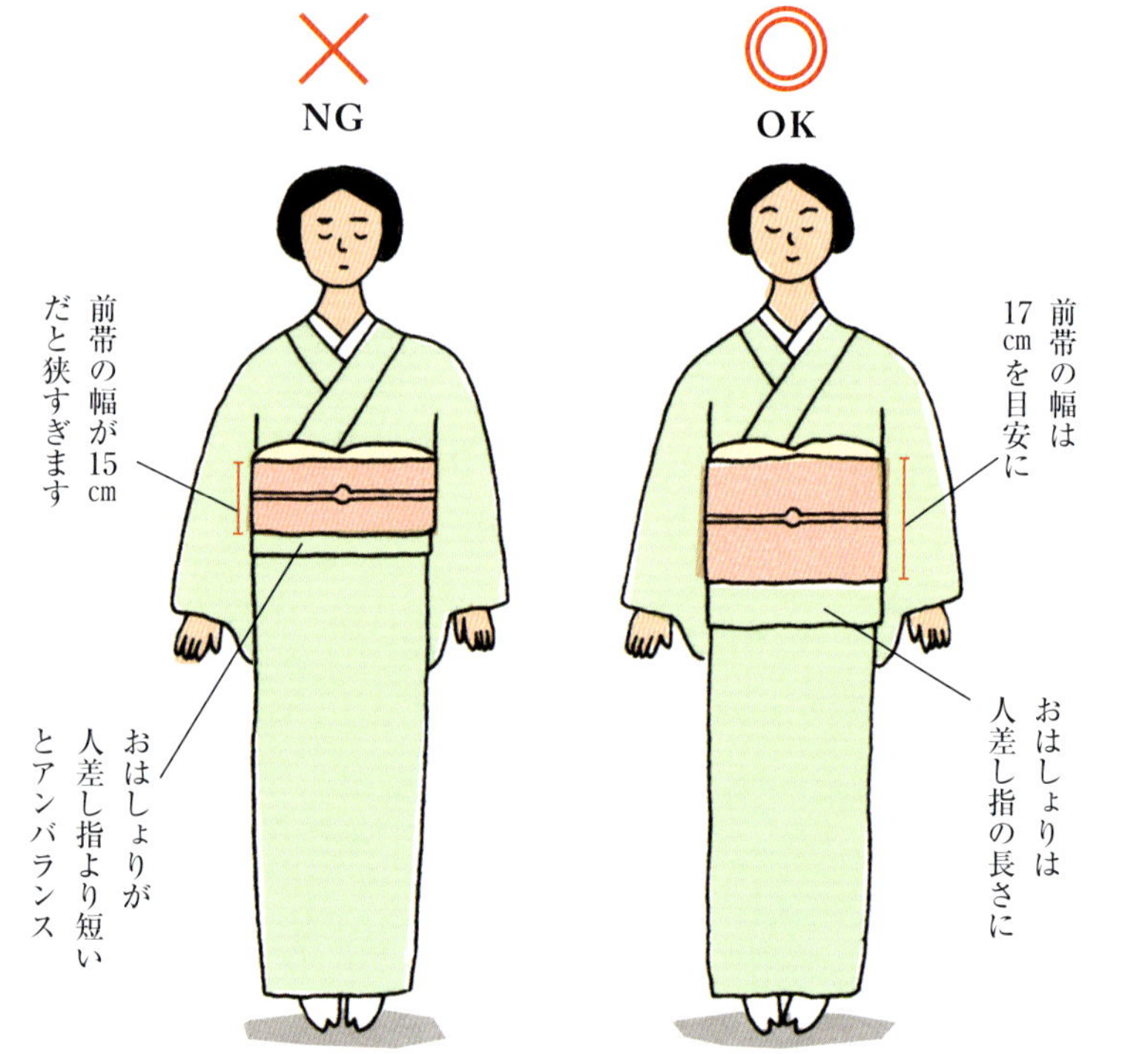

ふくよか

ふくよかな人は、身幅に気をつけましょう。下前の端が左ももまで届かないと、着付けがたいへん。また、歩いて裾がめくれたとき、長襦袢《ながじゅばん》が見えてしまいます。自分サイズにあつらえたものを着るか、お直しすると、着付けが楽に、着心地もよくなります。衿は、広衿《ひろえり》仕立てのものを選ぶと、衿幅を調節できます。

広衿仕立てなら
衿幅を広げながら
着られます
届かない着物は
おすすめしません

首が短い

首が短い人は、衿を詰めて合わせてしまうと、衿元が窮屈になり、首をますます短く感じさせてしまいます。半衿の角度が鋭いV字になるように合わせましょう。

鋭いV字に
なるように
半衿を合わせます

すると、首が
より短く見えます

胸が大きい

胸が大きい人は、衿幅を調節できる、広衿に仕立てられた着物を選びましょう。半衿が多く出すぎてしまうのを防げます。また、洋服用のブラジャーは外しましょう。

耳下からおはしょりに
かけて、着物の衿幅を
広げながら着付けます

着物だと、半衿が
出すぎてアンバランスに

年齢に合った着付け

若い人

若い人は、帯位置を高めに結び、半衿をたっぷりめに見せると、若々しい着姿を楽しめます。

衿は詰めぎみに合わせ、半衿を多めに見せます

帯はやや高めに結びます

帯の位置を高めに結んでいるので、お太鼓の上線も高くなります。お太鼓はやや大きめに結びましょう。

高めの位置で巻いているため、お太鼓の上線も高め

お太鼓は大きめに

衣紋《えもん》を多めに抜くと粋な雰囲気になる反面、老けて見えることもあるので、控えめに。帯は少しだけ前に傾くように。

衣紋は控えめに抜きます

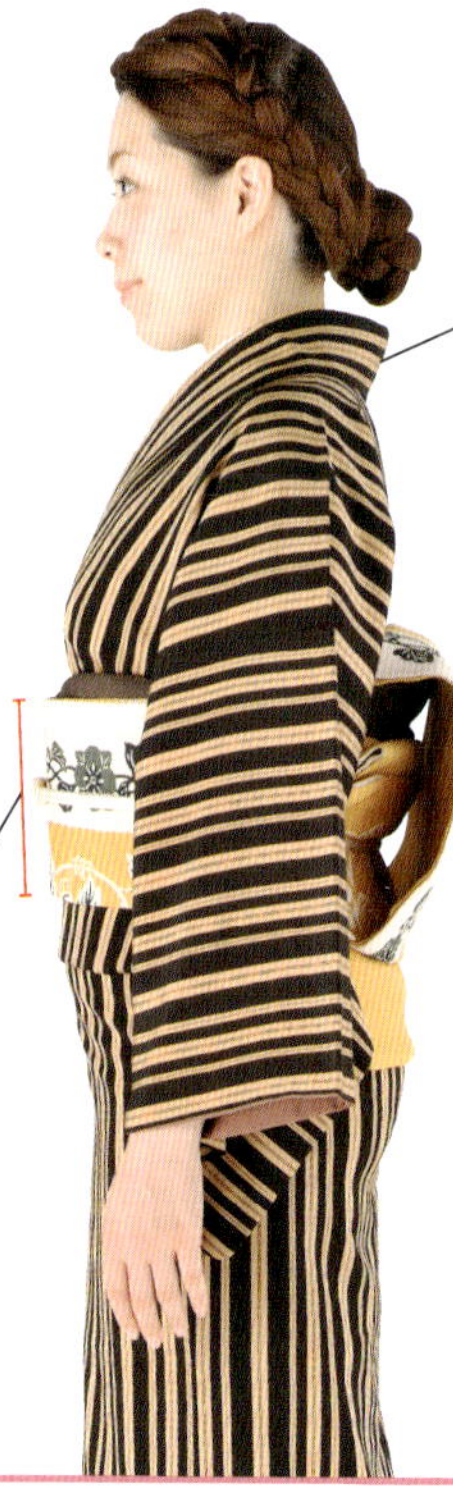

前帯は床に対してほぼ垂直

帯揚げと帯締め

帯揚げは多めに見せると若々しい印象になります。また、帯締めは、前帯の幅半分の高さに結びましょう。

帯揚げは多めに見せます

帯締めは前帯の幅半分の位置に結びます

年配の人

年配の人は、衿をゆったりめに合わせ、半衿は控えめに見せます。帯は年齢とともに位置を下げると、こなれた着こなしになります。

衿はゆったりめに合わせ
半衿は控えめに

帯は低めに結びます

帯の位置を低めに結んでいるので、お太鼓の上線も低くなります。お太鼓は小さめに結びましょう。

低めの位置で巻いているため、お太鼓の上線も低め

お太鼓は小さめに

衣紋は多めに抜きます。背中が丸まってきたら、さらに衣紋を抜くとバランスよくなります。また、胸の位置が下がってくるので、帯の角度も前下がりに。

衣紋は多めに抜きます

前帯は下部が締まるよう斜めに

帯揚げと帯締め

帯揚げは隠れてしまうくらい控えめにしておきましょう。また、帯締めは、前帯の幅半分よりやや下に結びます。

帯揚げは控えめに見せます

帯締めは前帯の幅半分よりやや下の位置に

着崩れの直し方

脇にたるみが出た

手を動かしたり伸ばしたりと、着物を着て数時間たつと、脇にたるみができやすくなります。たるみが目立つ場合は直しましょう。

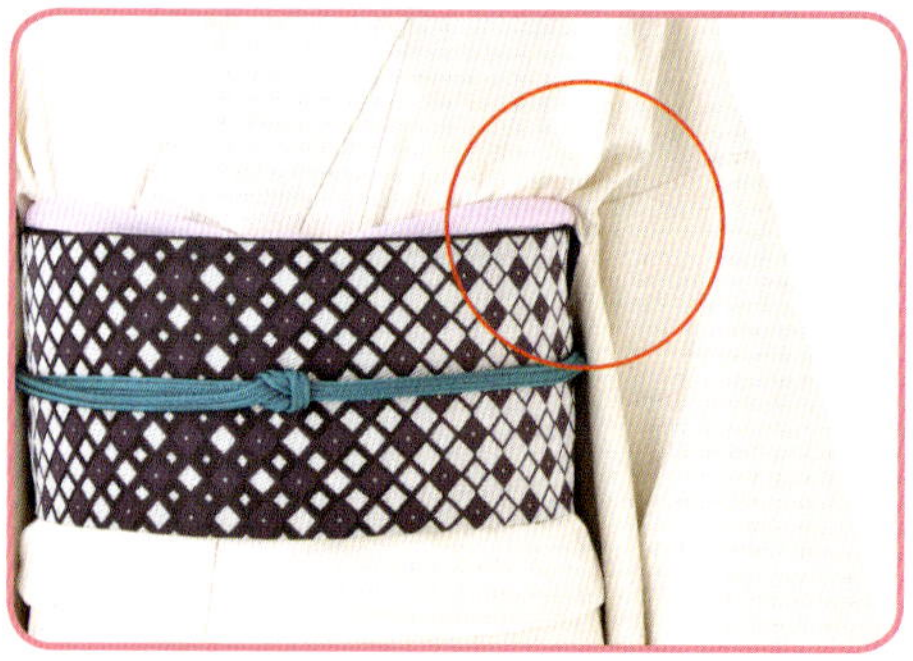

脇は着崩れがもっとも多い場所。時間がたつと、たるみができやすくなります。

両脇のおはしょりを片方ずつ下へ引っ張ります。これで、脇や胸元のたるみがすっきりします。

脇にたるみが一切なくなると、腕を動かしづらくなるので、少しだけゆとりを持たせて。

衿元が浮いてきた

衿元が浮く原因は、長襦袢《ながじゅばん》の衿元がゆるむことにあります。着物を直す前に、まず、長襦袢の衿元のゆるみをなくすことが大切です。

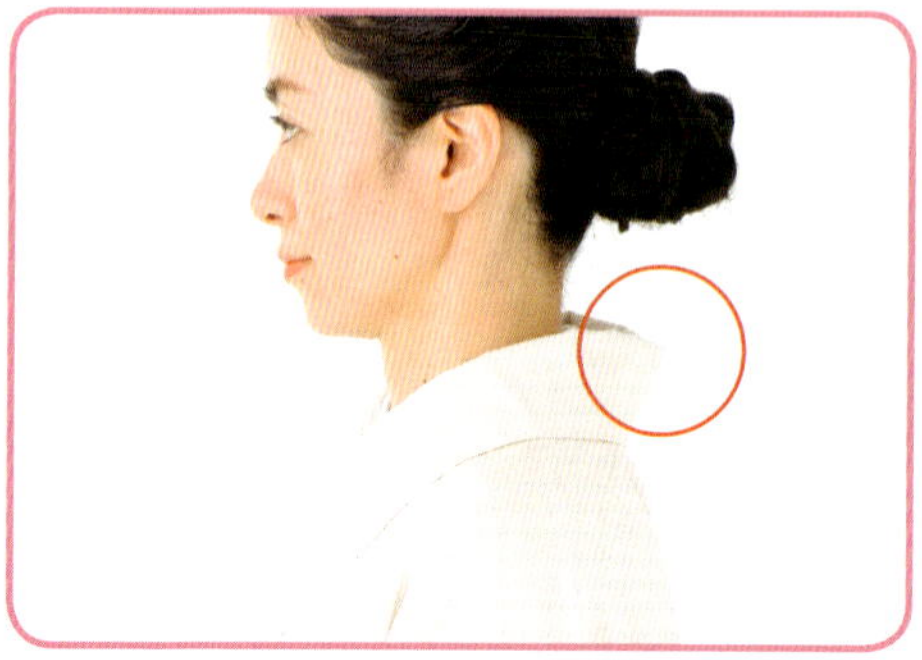

長襦袢の衿元がゆるんでくると、衣紋《えもん》も詰まりぎみに。衣紋が詰まると、胸元にたるみも。

着物の裾をまくり、長襦袢の衣紋《えもん》抜《ぬ》きや両側の生地をつまんで、下に引っ張ります。

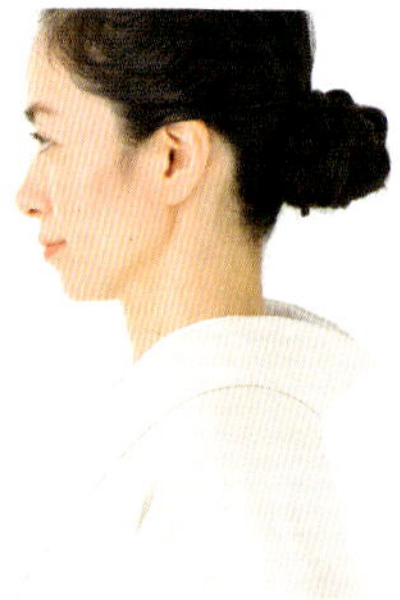

詰まった衣紋が抜けることで、衿合わせにゆるみがなくなって、胸元もすっきりきれいに伸びます。

おはしょりがもたつく

椅子に座ったり、トイレのあとなどは、おはしょりにしわやたるみができやすくなります。気になるときには直しましょう。

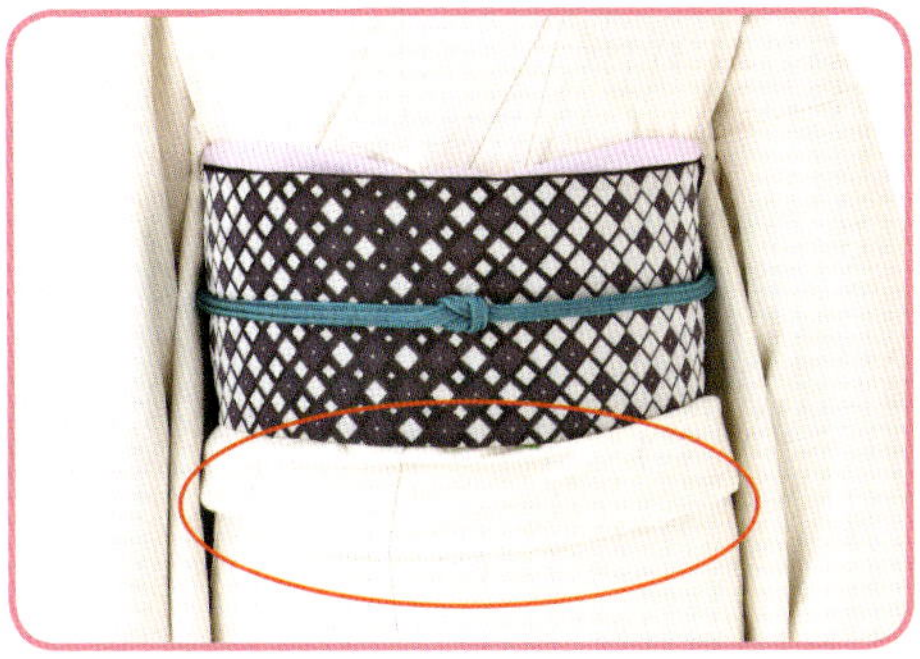

おはしょりがめくれてしまったり、しわやたるみが目立ったりすることがあります。

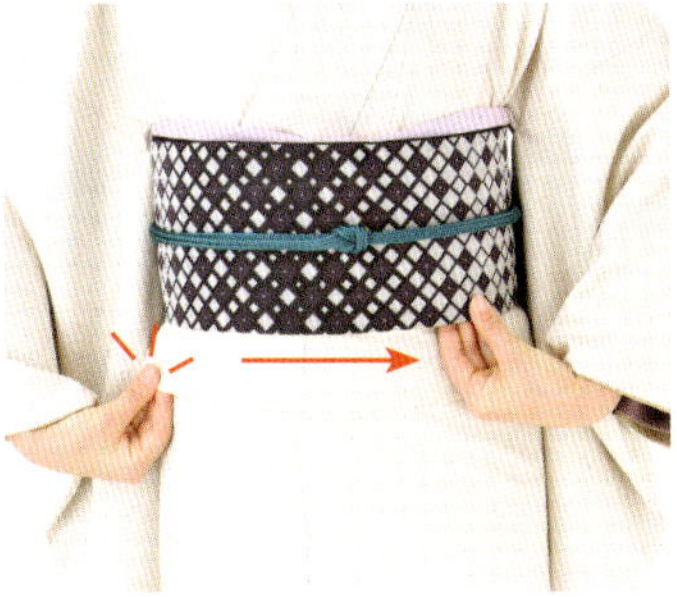

右手でおはしょりの端を押さえておきます。左手の親指以外を帯に入れ、指の背を体に押しつけるように左側へスライドさせます。

おはしょりがすっきりしました。一度で直らないときは、数回繰り返しましょう。

上前《うわまえ》の裾が落ちてきた

ウエストに巻いた腰紐がゆるいと、裾が落ちてきます。また、上《うわ》前《まえ》の褄先《つまさき》が落ちることで、裾も広がってきてしまいます。

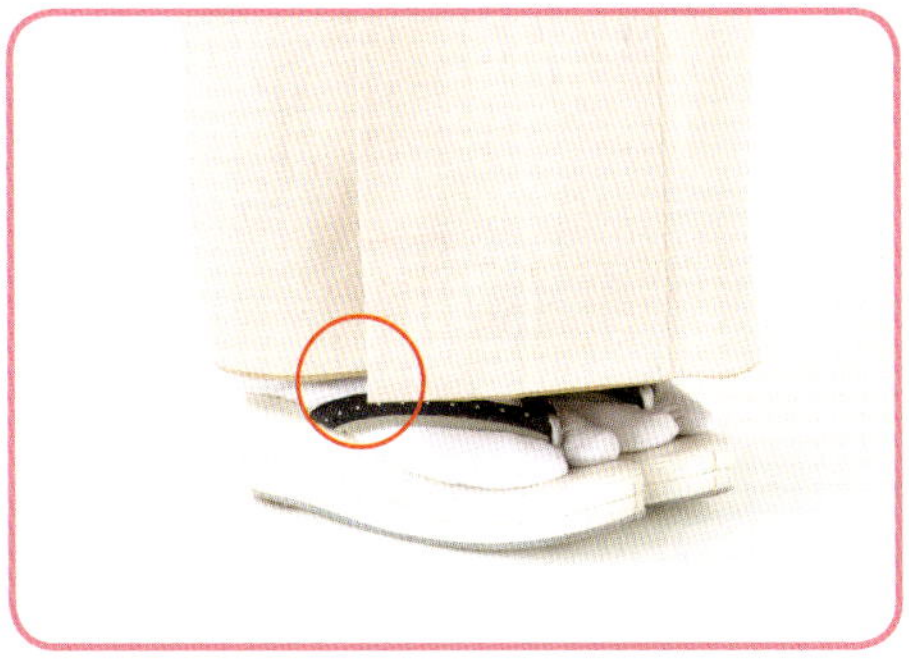

裾先が落ちてきた状態。裾や褄先が落ちるのは、腰紐の結び方がゆるかったのが原因です。

右側のおはしょりを少し持ち上げ、腰紐の上にある生地を少しずつ上に引っ張ります。

褄先はやや上がりぎみになりました。おはしょりを戻し、たるみやしわをなでて直しておきましょう。

帯揚げが上がってきた

帯揚げの結び目が持ち上がるのも、よく見られる着崩れ。帯揚げの端を帯に深く入れ込んでおかないと、持ち上がりやすくなります。

帯揚げの結び目が持ち上がってきてしまうと、体の中心にあるのでとても目立ちます。

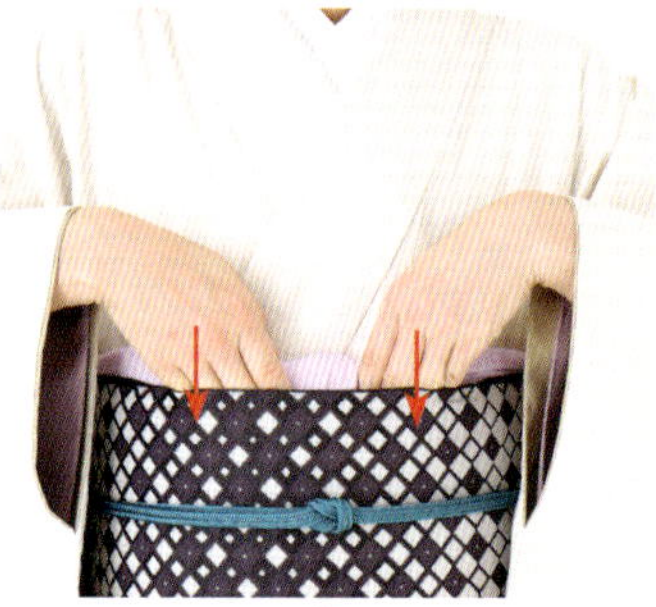

帯揚げの端を帯から出し、先端から結び目近くまでたたんで、帯に深く入れ込みます。

帯揚げが正しい見え方に。帯揚げにたるみなどがあれば、結び直すと、さらにきれいに。

帯がゆるんできた

２巻き目の帯がゆるんだり、ずれてきたりするのは、胴に巻くときの締め付けがゆるかったことと、帯締めがゆるいことが原因です。

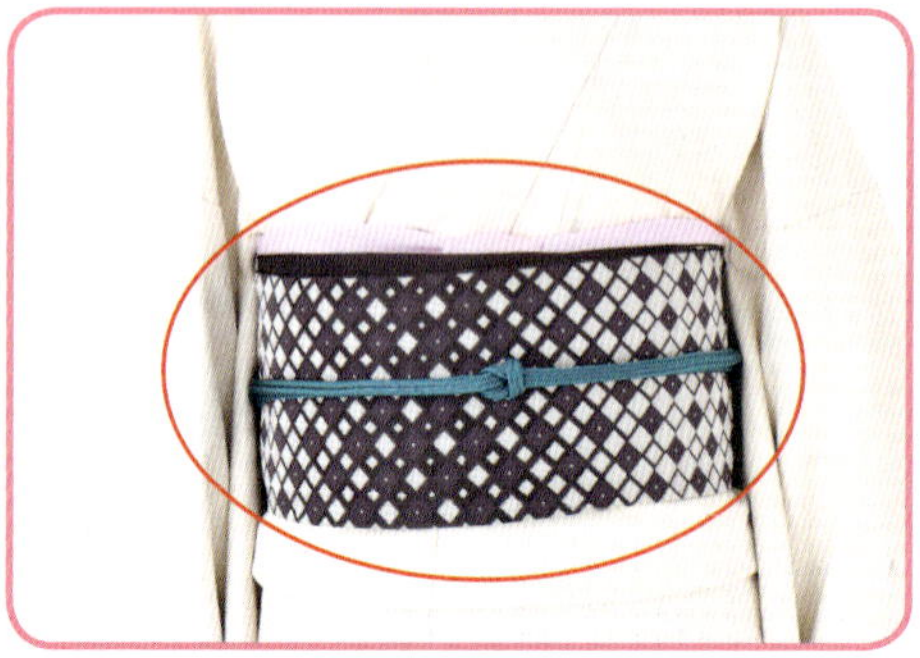

帯の締め付けが不十分で帯締めもゆるんでくると、２巻き目が浮いて、ずれてしまいます。

２巻き目のずれを直したら、帯締めを結び直します。脇を締めてギュッと引いたら、ゆるまないように結ぶことが大切です。

帯が締まりました。前帯にしわがあれば、左右にしごいて、しわを伸ばしましょう。

家に帰ってきたら 着崩れチェック

着物に慣れるまでは、お出かけから帰ってきてすぐに脱いでしまってはもったいない！ 脱ぐ前に鏡の前で全身をくまなくチェックしましょう。「胸元や帯にたるみができていないか」「どこか痛い場所はなかったか」などを確認し、着崩れが見つかったときは、その場で直してみるとよいでしょう。着崩れの場所と直し方を知るのは、その後の快適な着物ライフを過ごすためにとても大切なこと。また、家の中なので、安心して着崩れ直しを試すことができます。

チェックしてみましょう

- ☐ 衿元のたるみ
- ☐ 胸元のたるみ
- ☐ 脇のたるみ
- ☐ 前帯のゆるみ
- ☐ 帯揚げの乱れ
- ☐ 帯締めの締め付け感
- ☐ 帯枕の締め付け感
- ☐ 腰紐の締め付け感
- ☐ おはしょりのたるみ
- ☐ 裾の高さ

お太鼓が落ちてきた

帯枕の紐がゆるいと、お太鼓の山が背中から浮き、下がってしまいます。結果、お太鼓そのものにもたるみが出てきてしまいます。

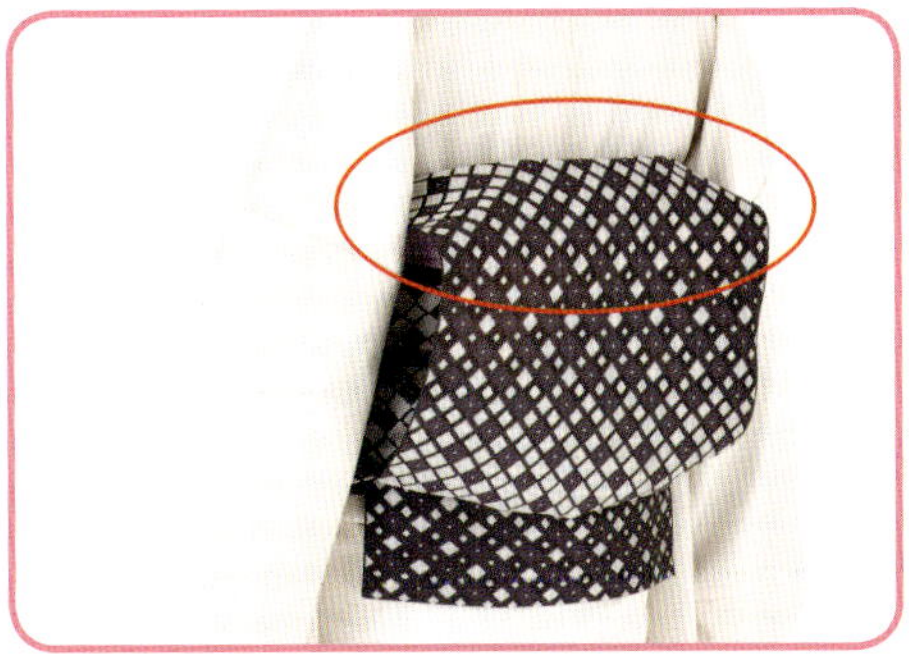

帯枕の紐がゆるいと、お太鼓の山が下がり、お太鼓の下部分にもたるみができます。

帯揚げを外し、帯枕の紐を前に引いてから結び直します。結び目を帯に深く入れたら、帯揚げを結び直しましょう。

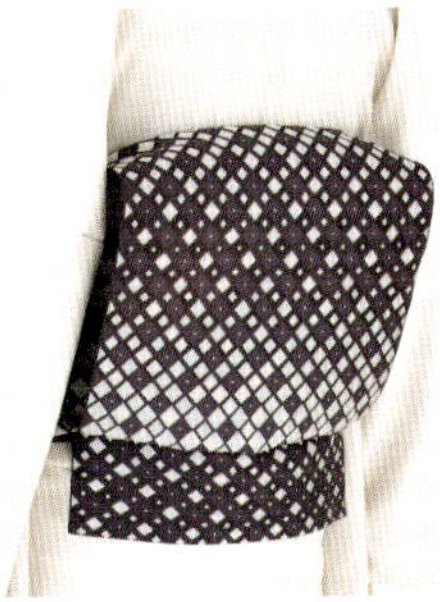

帯枕の紐を結び直すと、帯枕が背中にしっかり密着し、お太鼓のたるみも直ります。

着物のときのヘアスタイル

どんなにカジュアルなシーンでも、着物を着るときは、できるかぎり顔まわりがすっきり見えるようなヘアスタイルにすることをおすすめします。顔まわりがすっきりしていたほうが、着物の美しさがより引き立つからです。

まず、ショートカットの人はそのままでよいのですが、肩より長いヘアの人は、髪をおろしておくよりも、まとめたほうがすっきりします。それに、後ろの首筋が髪で隠れてしまうと、着物を着ている最中に髪を挟んでしまったり、衣紋《えもん》を抜こうとしてもよく見えなかったりと、不都合が生じることがあります。

とくに衣紋は、洋服にはない、着物ならではの魅力的なシルエット。衣紋から伸びる首筋は、着物姿をより魅力的に見せてくれる部分です。その意味で、首筋を出したほうが、断然美しい着姿を楽しめます。

また、髪をまとめる際、お団子を作ることもあるでしょう。とくに低い位置に作ったお団子は、大人っぽい落ち着いた雰囲気に見せてくれて素敵です。ただし、その場合、衣紋をやや抜きぎみにしないと、お団子が衣紋にあたってしまうことがあります。しかも、髪の毛につけた整髪剤が衣紋についてシミの原因となったり、衣紋にあたることで、お団子に後れ毛ができて乱れやすくなったりしてしまいます。低い位置が好きな人は、お団子の高さを出さないようなまとめ方にしたり、お団子をやや左右どちらかに振っておいたりすることで、衣紋にぶつからずにすみます。

最後に、ヘアセットをする順番について。ヘアセットは着物を着る前に完成させるのが正解です。着物を着てから腕を高く上げると、せっかくきれいに着付けた胸元にたるみができてしまうから。また、整髪剤などが着物につくのも防げます。

バリエーション編

CHAPTER

3

帯結びにはさまざまな種類があります。ここでは、名古屋帯で結ぶ「角《つの》出《だ》し」や半《はん》幅《はば》帯《おび》で結ぶ「割《わ》り角《つの》出《だ》し」など、幅広い年代の人におすすめの帯結びを紹介します。小物の使い方、ゆかたの着付けも覚えましょう。

角《つの》出《だ》しを結ぶ

お太鼓結びよりもややカジュアルな帯結び。粋な印象になります。

- 使う帯　名古屋帯
- 必要なもの　帯揚げ、帯締め、帯板、腰紐2本、着物クリップ2個
- シーン　普段着、ショッピング、友人との食事、美術鑑賞など

01 「て先」を左肩にかける

「て先」を左肩にかけ、伊達《だて》締《じ》めの上線に重なるくらいを目安に、クリップ（ピンク）で「て先」と衿をとめます。もうひとつのクリップは、おはしょりの右下にとめておきます。

02 背中で帯を折る

左手の甲を左肩甲骨の下につけ、指先を包むように、右手で帯を三角に折り上げます。

03 帯板を入れる

胴に1巻きし（P40～41参照）、左手は帯の上線を持ちます。右手で帯板を持ち、少し右寄りに入れたら、前帯のしわをなでてとっておきます。

04 帯を締める

帯を2巻きしたら、右手は帯の下線を、左手は1巻き目の帯を下からつまんで持ち、右手をやや下方向へ引っ張って締めます。

05 左後ろにクリップをとめる

右手はそのままで、左手でおはしょりのクリップ（黄）を外し、胴に巻いた帯の左後ろに、下から2枚一緒にとめます。

06 「たれ」を折り上げる

左下にとめたクリップを支点にして、右手で「たれ」を斜めに折り上げます。なお、左手は帯から離しても大丈夫です。

07 「て」を後ろに

右手はそのままで、左手で胸元のクリップ（ピンク）を外し、「て」を後ろに落とします。クリップは「て先」にとめておきます。

08 「て」と「たれ」を持つ

できるだけ背中に近い場所で、後ろに落とした「て」を左手でつかみます。背中から離れた部分を持ってしまうと、このあと、ねじりづらくなってしまいます。

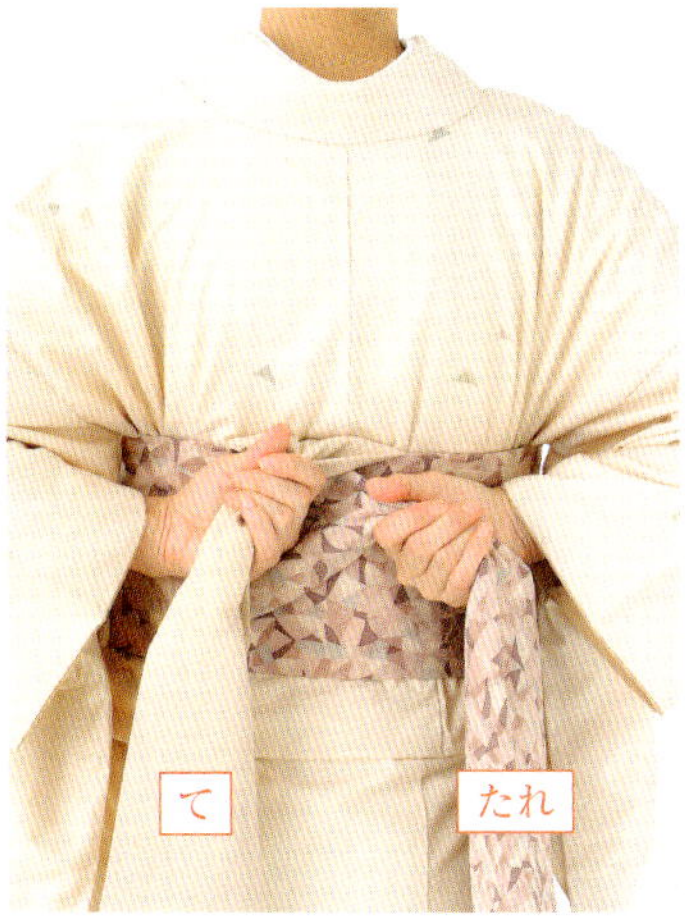

09 「て」と「たれ」をねじる

「て」と「たれ」を交差させるようにねじります（右手が上、左手が下になるように）。

10 右脇にクリップをとめる

「て」の輪が下になるようにして、ねじり目から広げ、「て先」にとめておいたクリップ（ピンク）で、胴に巻いた2枚と「て」の、合わせて3枚を右下で一緒にとめます。

11 「たれ」の上に「て」を折り返して重ねる

余った「て」を、折り返すようにして、ねじり目の上に重ねます。

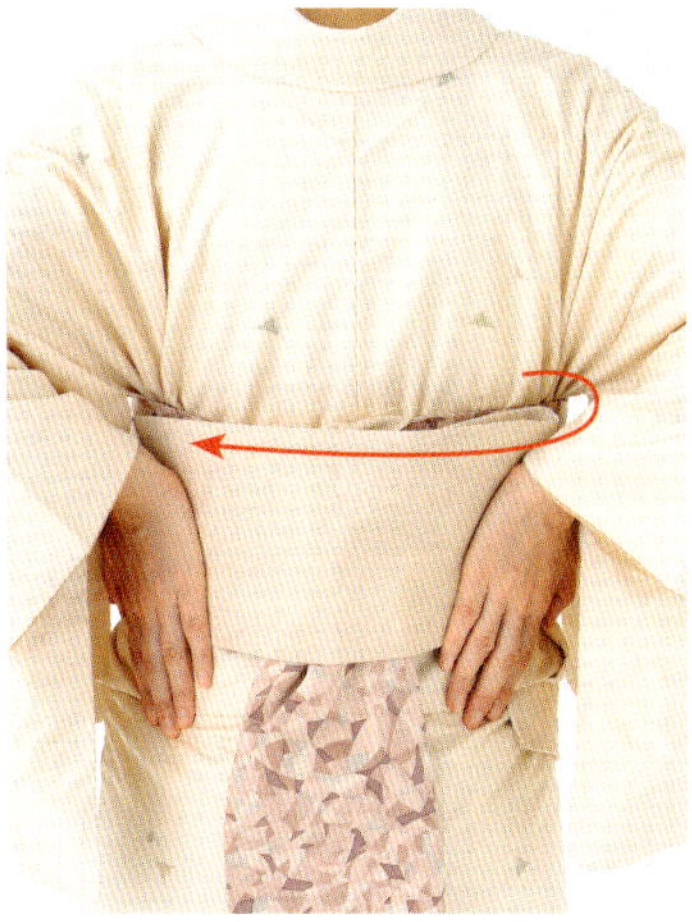

12 「て」の真ん中で腰紐を結ぶ

「て」の真ん中に腰紐を重ね、前で結んでおきます。

13 「たれ」の根元を広げる

ねじれないように注意しながら、「たれ」を左右に広げます。

14 「たれ」に腰紐をあてる

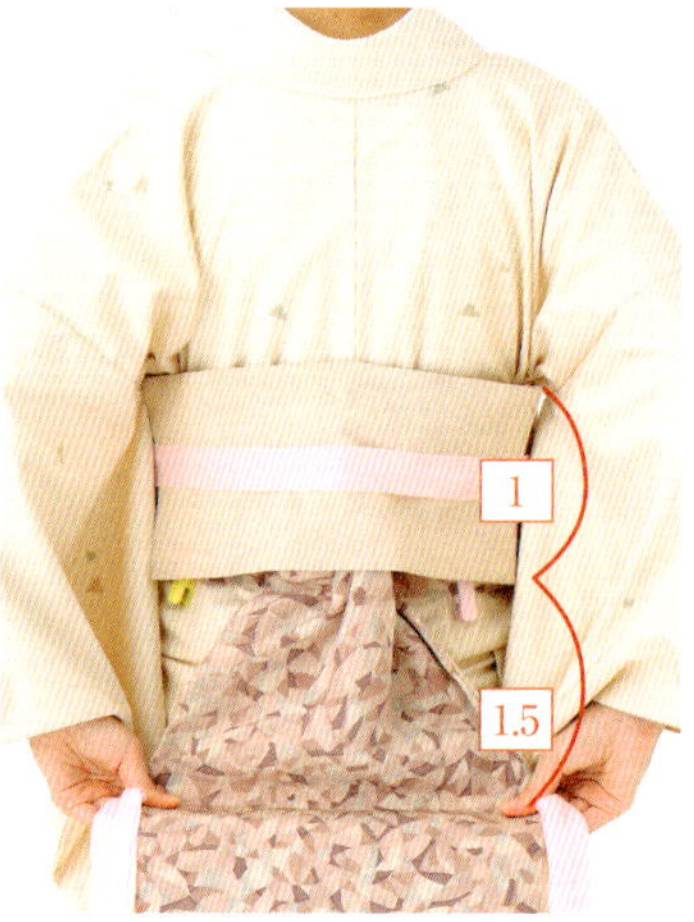

半分の長さにしたもう1本の腰紐を「たれ」の裏側にあて、しわが寄らないよう親指でしごきます。腰紐は、「て」の帯幅の1.5倍下を目安に。この位置が「お太鼓山」となります。

15 背中にあてる

腰紐と「たれ」を持ち、⑭で決めたお太鼓山を、胴に巻いた帯の上線にあてます。

16 腰紐を前で結ぶ

お太鼓山を背中に密着させたまま、腰紐を前で結びます。腰紐の余った部分は、帯の中に深く入れ込んでおきましょう。

17 帯揚げを折りたたんでおく

帯揚げはあらかじめ、4つ折りにたたんでおきます。

18 帯揚げをかける

⑯で結んだ腰紐を隠すように帯揚げを帯の中に通し、背中にあてます。帯揚げは前で仮結びしておきます。

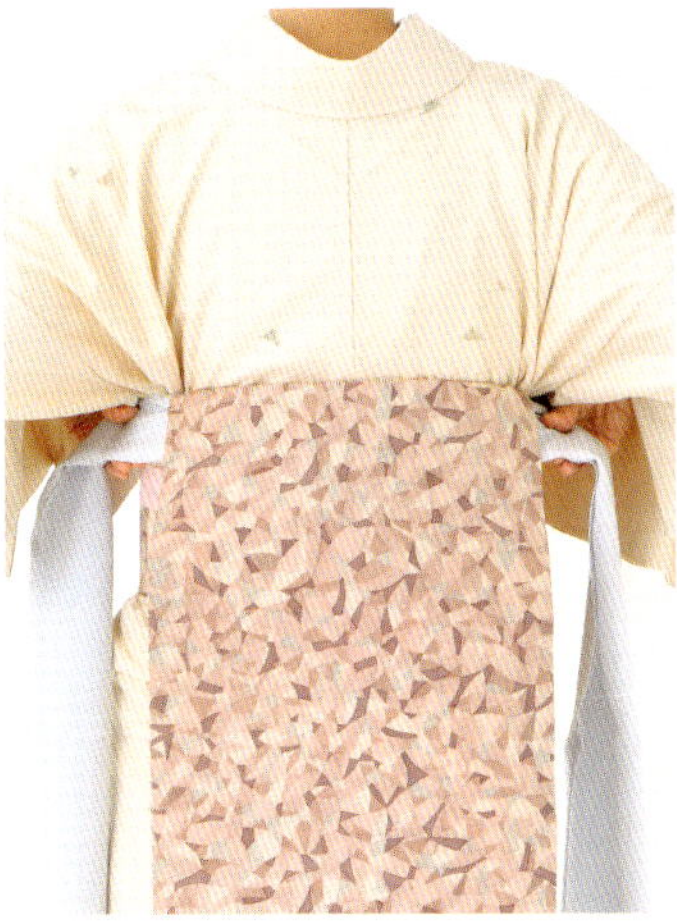

19 「たれ」に帯締めをあてる

⑩でとめた右脇のクリップ（ピンク）を外し（左脇はつけたまま）、⑫で結んだ腰紐を外します。手を自然に下ろした位置で帯締めを「たれ」の裏側にあて、帯と一緒に持ちます。

20 「たれ」の長さを調節する

帯締めを軸にして、人差し指で「たれ」を内側にたくし上げます。そのあと、親指で「たれ」を送り、「たれ先」が20㎝くらいになるように決めたら、帯幅の半分の高さの位置まで持ち上げます。帯締めは前で結びます。

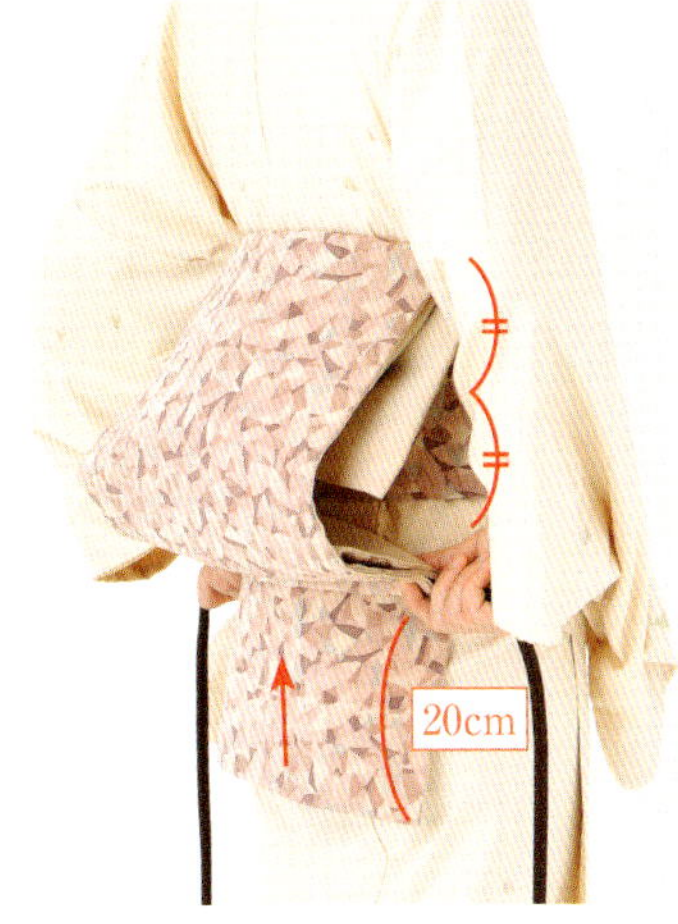

21 帯揚げをきれいに結び直す

帯揚げをきれいに結び直し、余った部分は帯の中に深く入れ込んでおきます。

22 「て」の角度を調節する

お太鼓の中に手を入れ、「たれ」を整えます。そのあと、「て」がお太鼓の両端から同じ長さだけ出るようにし、お太鼓の斜めのラインと平行になるように角度も調節します。

23 完成

完成。お太鼓がツンと立ったような形が特徴的です。お太鼓山が背中から離れていないか、「たれ」が長すぎないかを確認しましょう。

割り角《つの》出《だ》しを結ぶ

名古屋帯の半分の幅の帯が、「半幅帯《はんはばおび》」。代表的な結び方の割り角出しは、カジュアルな着物やゆかたによく合います。

- 使う帯　半幅帯
- 必要なもの　帯板、着物クリップ2個
- シーン　普段着、お散歩、カフェ、お祭りなど

01 「て」の長さを決める

おはしょりにクリップを2個とめておき、帯の片側を、帯幅の2倍の長さ分測ります。まず帯の端を三角に折り、さらに三角に折りましょう（こちらの端を以下「て」とします）。

02 帯を半分に折る

帯を半分に折り、①で決めた場所の輪にクリップ（黄）をとめ、伊達締め《だてじ》の幅半分の高さの位置に持ってきます。「て先」はクリップ（ピンク）で衿元にとめておきます。

03 帯を巻きはじめる

②でとめたクリップ（黄）を支点に帯を開き、開いた帯の下側と伊達締めをクリップでとめます。

04 2巻きする

帯が足に巻き付いていかないよう、体を時計回りに回転させながら帯を巻いていきます。

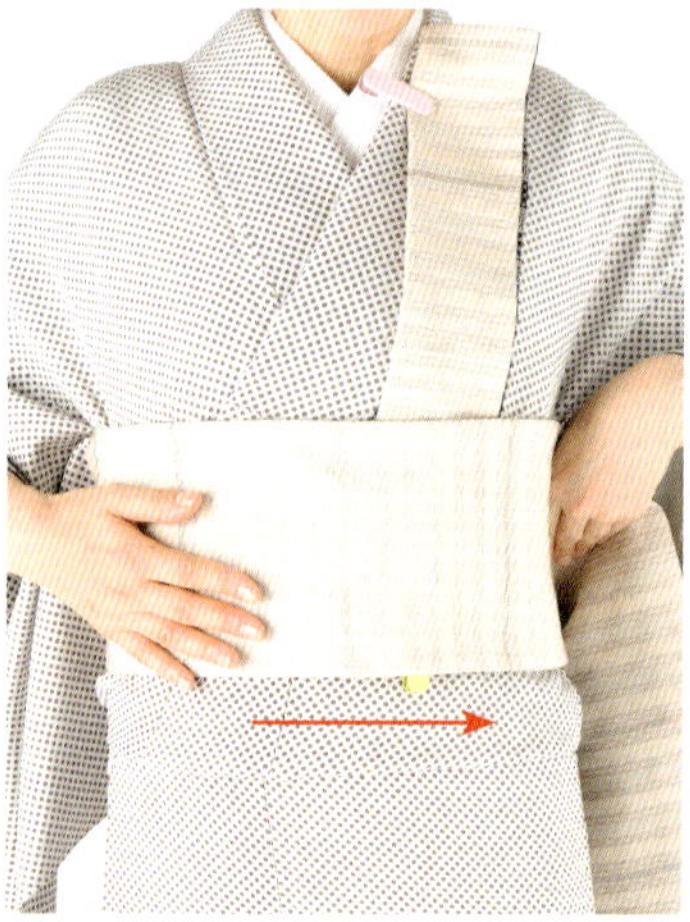

05 帯を締める

2巻き目の帯を後ろまで回したら、右手で帯を下から持ちます。1巻き目の三角部分に左手の親指を引っかけ、右手をやや斜め下に引いて締めます。

06 左脇まで持ってくる

帯を左脇まで巻いたら、三角部分にとめていたクリップ（黄）を外し、右脇で2枚一緒にとめます（クリップより先の帯を、「たれ」とします）。

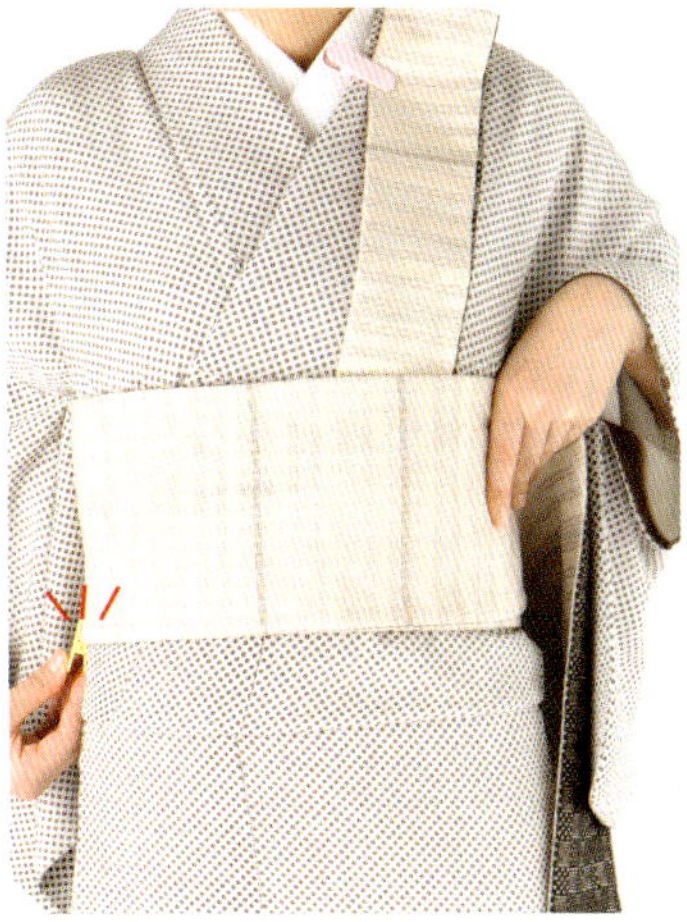

07 「て」を下ろす

衿元のクリップを外し、「て」が「たれ」の内側になるように下ろします。

08 「たれ」を斜めに折り上げる

右脇でとめたクリップを支点にして、「たれ」を斜めに折り上げます。

09 「たれ」を引き抜く

左手で「たれ」を、右手で「て」を持ち、「て」を包むように下を通して「たれ」を引き上げます。このとき、「たれ」は幅半分に折ったままです。

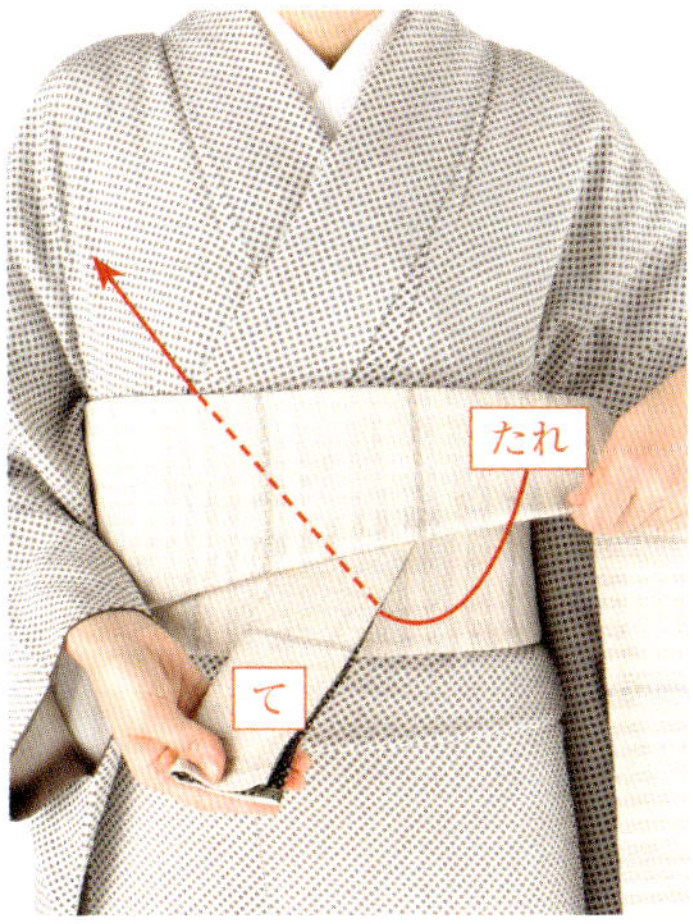

10 締める

「たれ」を引き抜いたら、それぞれを持ってギュッと締めます。対角線になるように引っ張って締めましょう。このとき、上下に引っ張るのはNGです。

11 「て」を折り返す

「たれ」を一度左肩にかけておき、「て」を斜め上に折り返します。このとき、「て」の輪はどちらを向いていても構いません。

12 「たれ」を下ろす

左肩にかけていた「たれ」を下ろし、「て」の上に重ねます。

13 「たれ」を引き抜く

「たれ」で「て」をくるむ感じで、「たれ」を下から引き抜きます。このとき、「たれ」は幅半分に折ったままです。

14 結ぶ

「て」の2倍の長さになるように「たれ」を引き抜いたら、ギュッと結びます。

15 「たれ」の根元を開く

結び目の下にある「たれ」を左右に開きます。このとき、「たれ」の裏面が手前を向くように開きましょう。

16 「たれ」を下から通す

「たれ」を結び目の後ろに、下から通します。

17 「たれ」を引き抜く

「たれ」をすべて引き抜きます。このとき、勢いよく引っ張ると結び目が裏返ってしまうことがあるので、気をつけながらゆっくりと。

18 「たれ」を下ろす

「たれ」をそのまま、結び目の上に重ねるように下ろします。

19 「たれ」の長さを確認する

胴に巻いた帯幅くらいに「たれ」を蛇腹に折りたたんで、長さを測ります。帯幅4倍の長さが適度です。

20 「たれ」が長い場合はもう一度、通す

「たれ」が長い場合は、もう一度結び目に下から通し、引き抜いておきます。

21 「たれ」の長さの半分にあたる位置を持つ

「たれ」の長さの、半分にあたる位置を持ちます。

22 途中まで引き抜く

手で「たれ」を持ったまま、結び目に下から通していきます。すべて引き抜かず、途中で止めましょう。

23 形を整える

胴に巻いた帯の下線から、「たれ先」が人差し指の長さ分残るところまできたら止め、「たれ」は結び目の上に下ろして重ねます。そのあと、形を整えましょう。

24 帯を回す

脇のクリップ（黄）を外し、帯を時計回りに回します。反時計回りに回してしまうと、衿元が開いてしまうことがあるので注意しましょう。

25 帯板を差し込む

1巻き目と2巻き目の間に、帯板を下から斜めに入れ、半分まで入れたら、帯板の上下を左右に倒して横にします。

26 完成

完成です。割り角出しは、「たれ」がきれいに重なり合うよりも、ひとつひとつが違う角度で斜めになるように整えると、形が決まります。

面違いを楽しむ

リバーシブルの半幅帯で結ぶときは、形は同じでも、表裏を変えて結ぶだけで色合いが変わり、雰囲気の異なる帯結びを楽しめます。

結び方のポイント

プロセス⑮のときに、表面が手前を向くように「たれ」を広げましょう。そのあとは同様に結びます。

割り角出しのアレンジ

「たれ」の通し方を変えるだけで、雰囲気の異なる帯結びになります。400cm以上の長さのある半幅帯に適しています。

プロセス⑱（P89）まで同じ。「たれ先」から引き抜きます。

すべて引き抜かず、胴に巻いた帯幅くらいのたるみを残しておきます。

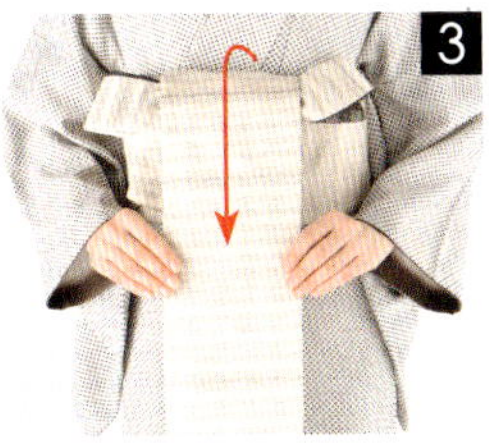

ふんわりとたるみを残したら、「たれ」を下げます。

もう一度、「たれ先」から引き抜いていきます。

②と同じくらいのたるみを残して引き抜き、「たれ先」を重ねたら完成です。

400cm以下の帯で結んで「たれ」が足りなくなったときや、胴に巻いた帯のゆるみが気になるときに便利なアレンジです。

アレンジ①を結んだら、「たれ先」をくるくると巻いていきます（「たれ」が短いときはそのままで）。

胴に巻いてある帯と着物の間にたれを入れます。

しっかり入れ込みます。

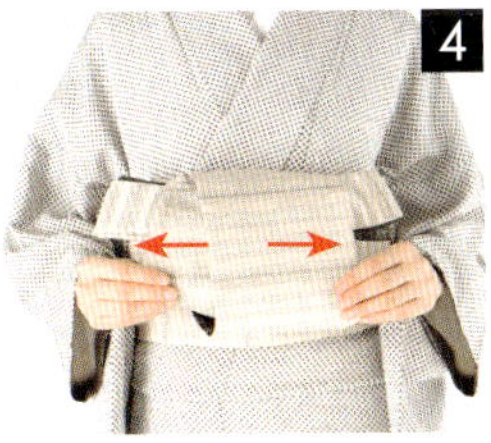

２枚重なった「たれ」を左右に広げて形を整えます。

半衿をつける

半衿は顔に一番近い部分。半衿の色柄を替えるだけで、顔映りやコーディネート全体のイメージが変わります。

色半衿や柄半衿などさまざま

半衿には、白だけでなく、色半衿や柄半衿、地紋の入ったものや刺繍の入ったものなど、さまざまな種類があります。半衿ひとつで、着物の雰囲気を変化させることができます。

柄半衿、刺繍入りの半衿、色半衿。

白半衿は長《なが》襦《じゅ》袢《ばん》についている

半衿は、長襦袢の衿につける布のこと。リサイクルやプレタの長襦袢なら、すでに白半衿がついていることがほとんどです。新たに半衿をつける必要はありません。色柄の半衿で衿元のおしゃれを楽しみたいとき、半衿の汚れが目立つときなどに、半衿を替えます。

たいていの長襦袢には、あらかじめ、白半衿がついています。

半衿のつけ方

1 半衿の両端を１cmほど折り返し、並縫いします。なお、長襦袢にあらかじめ半衿がついている場合は、外しておきましょう。

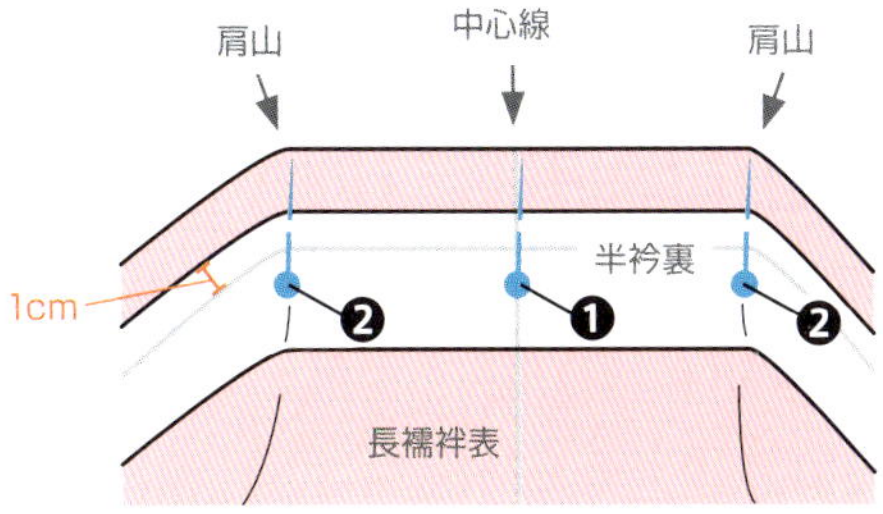

2 長襦袢の表が見えるように置きます。❶長襦袢の衿の上に裏返した半衿を置き、１cmほど重ねてまち針でとめます。❷肩山も同じように、１cmほど重ねてまち針でとめます。

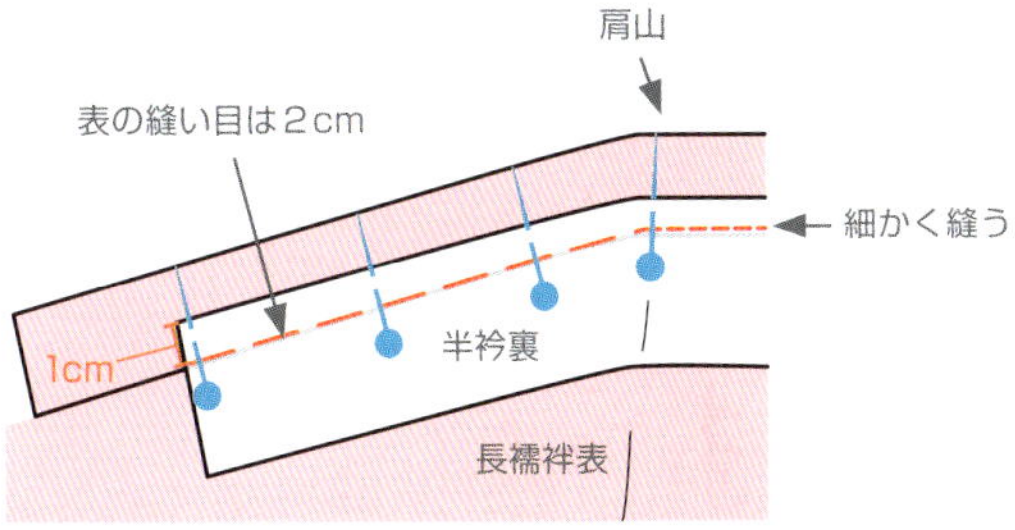

3 半衿の端までまち針をとめていきます。次に、端から、表は２cm、裏は１cmほど糸が見えるように衿の縁を並縫いします。端まで縫ったら、片面は完成です。

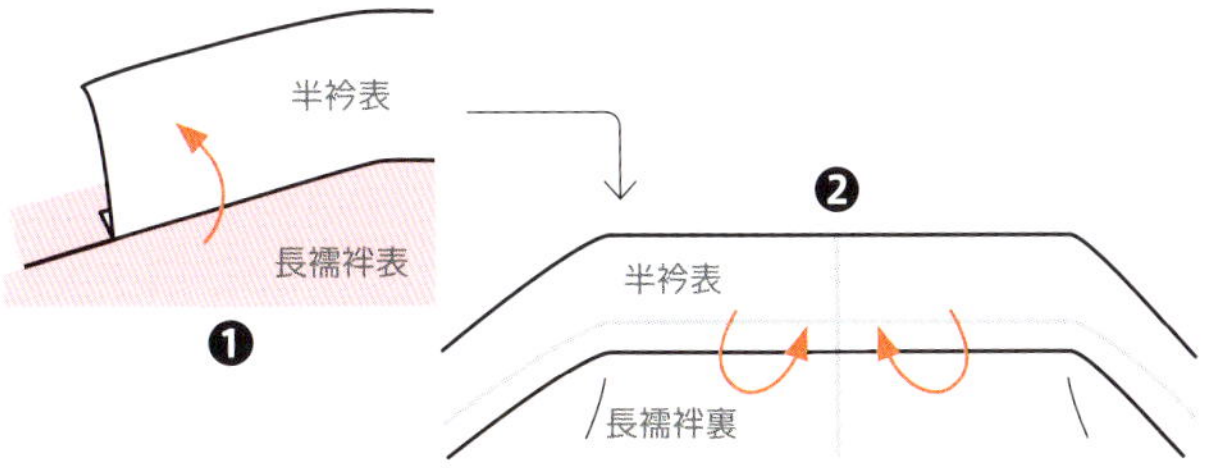

4 ❶縫い目で谷折りをするように半衿を折り返します。❷長襦袢を裏返して置き、衿に半衿をかぶせるようにかけたら、長襦袢の衿の縁に合わせて半衿を折り込みます。

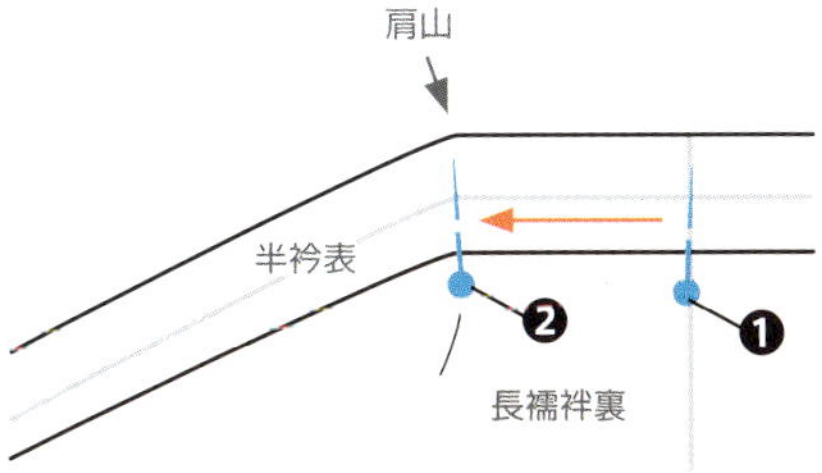

5 ❶長襦袢と半衿の中心を合わせてまち針でとめたら、❷肩山も同じようにまち針でとめます。このとき、中心から肩山の間の半衿にたるみができないように注意しましょう。

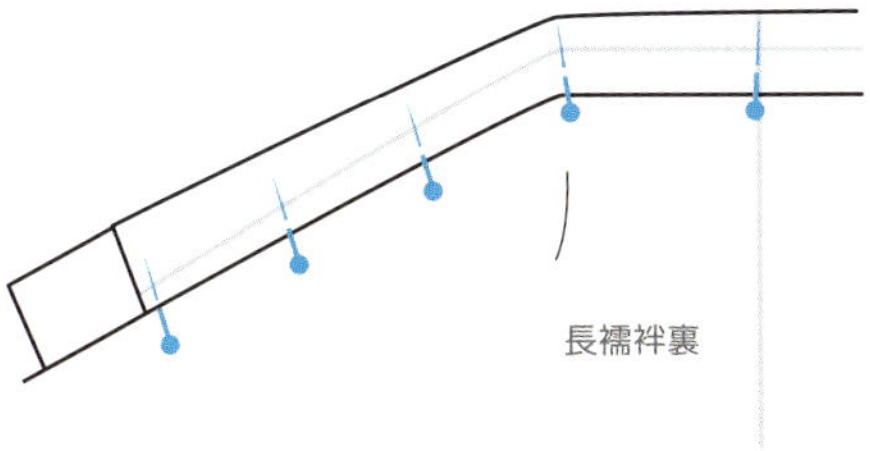

6 肩山から半衿の端までまち針でとめます。長襦袢の衿は衿先に向かって幅が広くなっているので、半衿の折り込み部分も、端にいくほど少なくなっていきます。

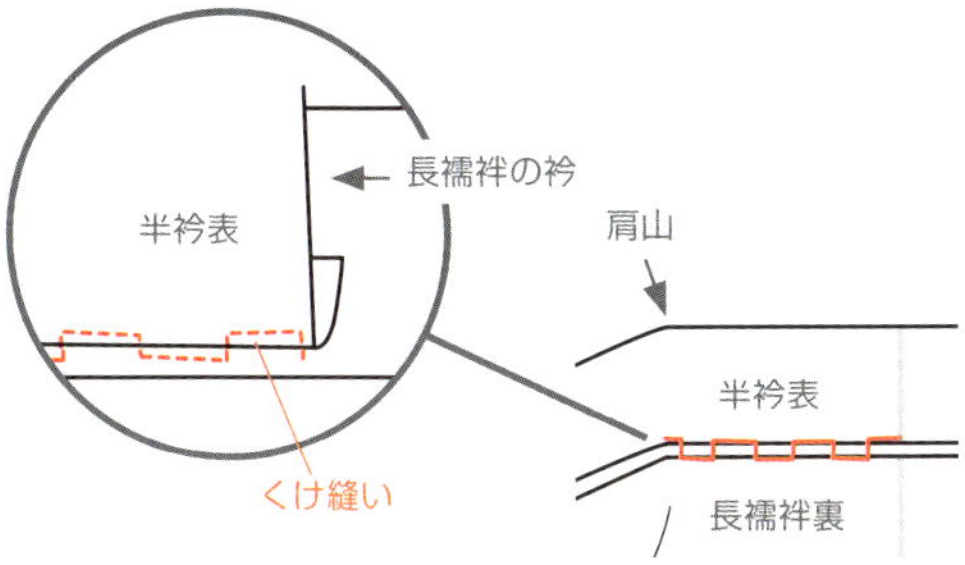

7 端から肩山まではざっくりと並縫いし、左肩山と右肩山の間は、くけ縫い（半衿と長襦袢の衿の、それぞれの折り山の内側を交互にすくって縫う）で縫います。

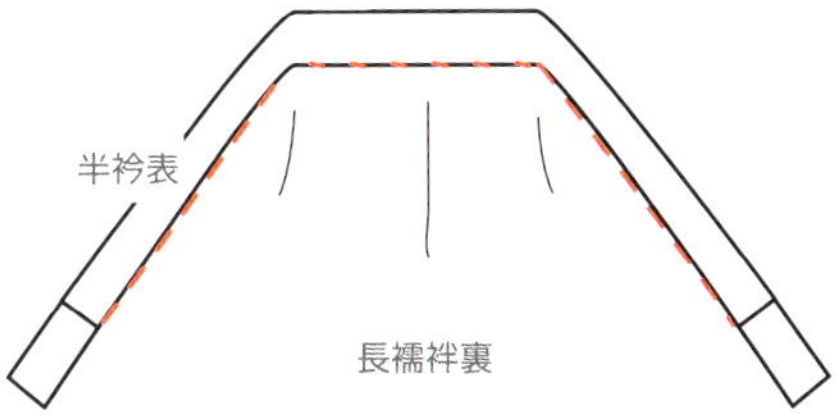

8 端から端まで縫ったら、でき上がりです。

着物小物の楽しみ方

三《さん》分《ぶ》紐《ひも》

帯留めなどをつけたいときに使う紐。帯締めより短くて厚みがなく、幅が狭いのが特徴です。短いため、結び目は背中に回し、帯結びの中に隠します。なお、帯留めを使わず三分紐だけでも結べますが、結び目を正面に出すのはNGです。

帯《おび》留《ど》め

帯の中心のポイントとして楽しむ飾り。三分紐に通して使うもので、通常の帯締めにはつけません。モチーフのあるもの、ないもの、素材、大きさなど、実にさまざま。帯を傷つけない、丸みのある帯留めがおすすめです。

根《ね》付《つけ》

帯に差し込んで使う、装飾品。差し込みやすいように、根付についた紐をヘラ状の専用プレートにつないで使います。帯留め同様、素材や大きさなどさまざま。一般的には、前帯の左側に下げて楽しみます。なお、長すぎるものは避けます。

三分紐＋帯留めのつけ方

1
三分紐を背中から回したら帯留めを通し、抜けないように、三分紐の先端を一度結んでおきます。

2
帯締めと同じ要領で、三分紐を結びます（P50～51参照）。

3
三分紐をさらに数回結んで、余りを短くします。結び目を背中へ回して帯結びの中に隠したら、帯留めを前帯の中心に移動させて完成です。

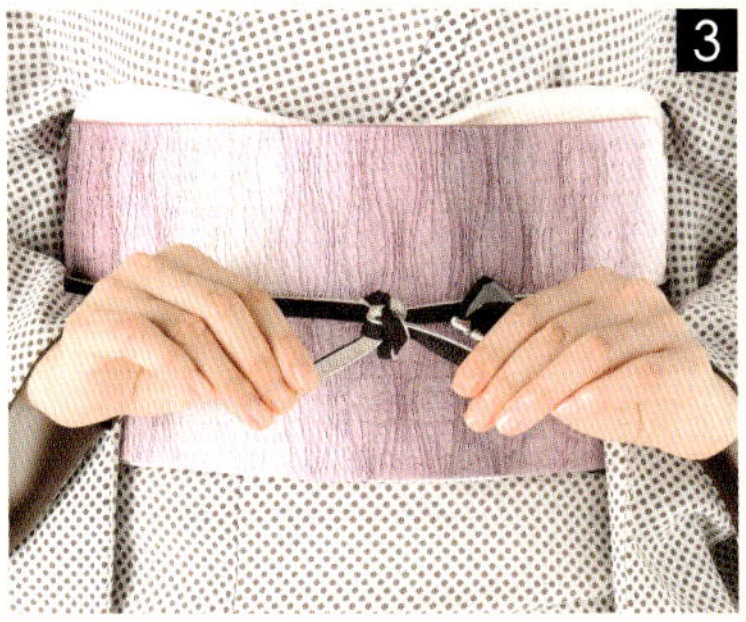

根付のつけ方

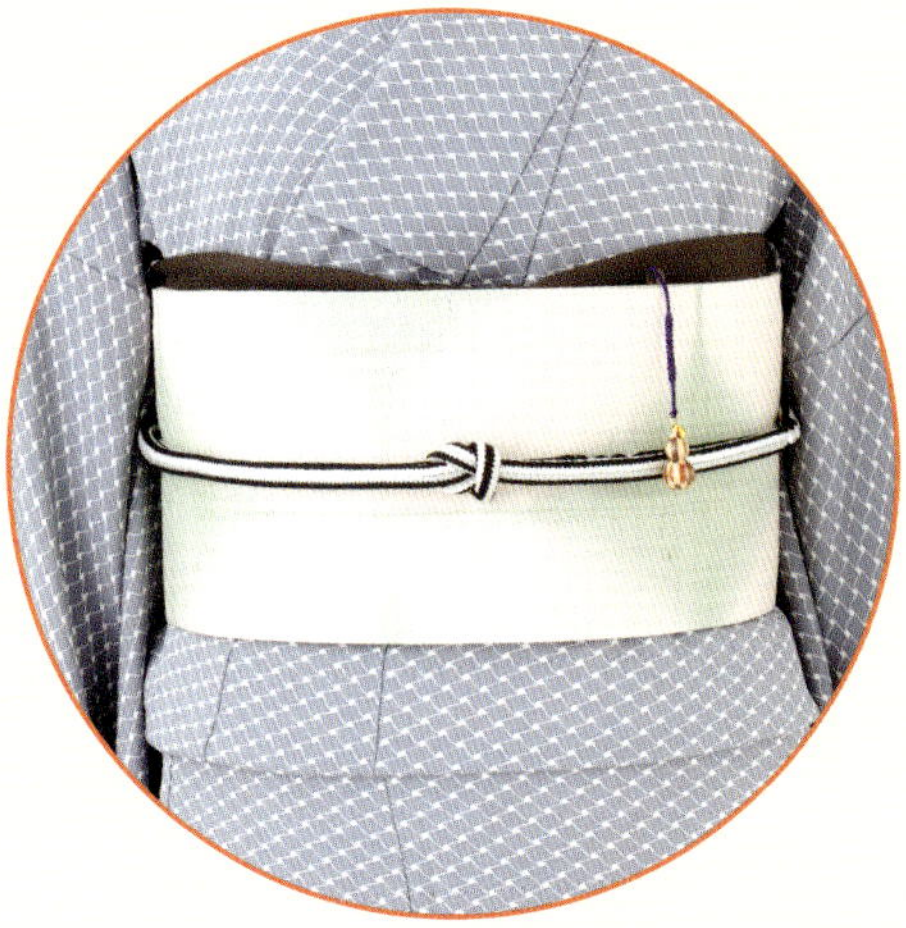

1
根付とプレートを準備したら、帯に差し込みやすいように、根付の紐をプレートにつなぎます。

2
帯と帯の間、または、帯と帯板の間にプレートを差し込みます。根付は帯の左寄りに下げます。

ゆかたを着る

01 肩から羽織る

ゆかた下などの肌着を着たら、ゆかたを背中に回し、肩から羽織ります。

02 両袖を引く

左右の袖口を持って両袖を交互に引き、左右のバランスが同じになるように調整します。これで、ゆかたの背中心が真ん中にきます。

03 後ろ裾を持ち上げる

衿先からひと手幅分のところを片手で持ち、もう片方の手は、前方の手と同じ高さで背中心を持ちます。いったん、体から離して後ろ裾を持ち上げます。

04 後ろ裾線を決める

裾がくるぶしくらいの高さにくるまで下ろします。次に、平行に前へ引いてゆかたをおしりに密着させたら、後ろの手を離し、衿先を両手でそれぞれ持ちます。

05 上前《うわまえ》の幅を決める

上前の端が右腰骨まで届くように、幅を調節します。上前幅を調節するときは、おしりに密着させたまま左右にスライドさせるとスムーズです。

06 下前《したまえ》を巻き込む

いったん上前を開き、下前を体に沿わせてゆっくり巻き込みます。下前が左腰骨についたら、褄先《つまさき》を20㎝くらい上げて、入れ込みます。

07 上前を重ねる

上前を体に沿わせてゆっくり巻き付けます。上前が右腰骨についたら、褄先を15㎝くらい上げます。両方の褄先を上げることで、裾つぼまりのシルエットになります。

08 腰紐を結ぶ

右腰骨の少し上に腰紐の中心をあて、おへそあたりを通り、後ろで交差させて締めます。前に持ってきたら、腰紐を結び（P32参照）、余った紐は挟み込んでおきます。

09 後ろのおはしょりを整える

両手を身《み》八《や》つ口《くち》から入れて背中へ回し、後ろのおはしょりを整えます。

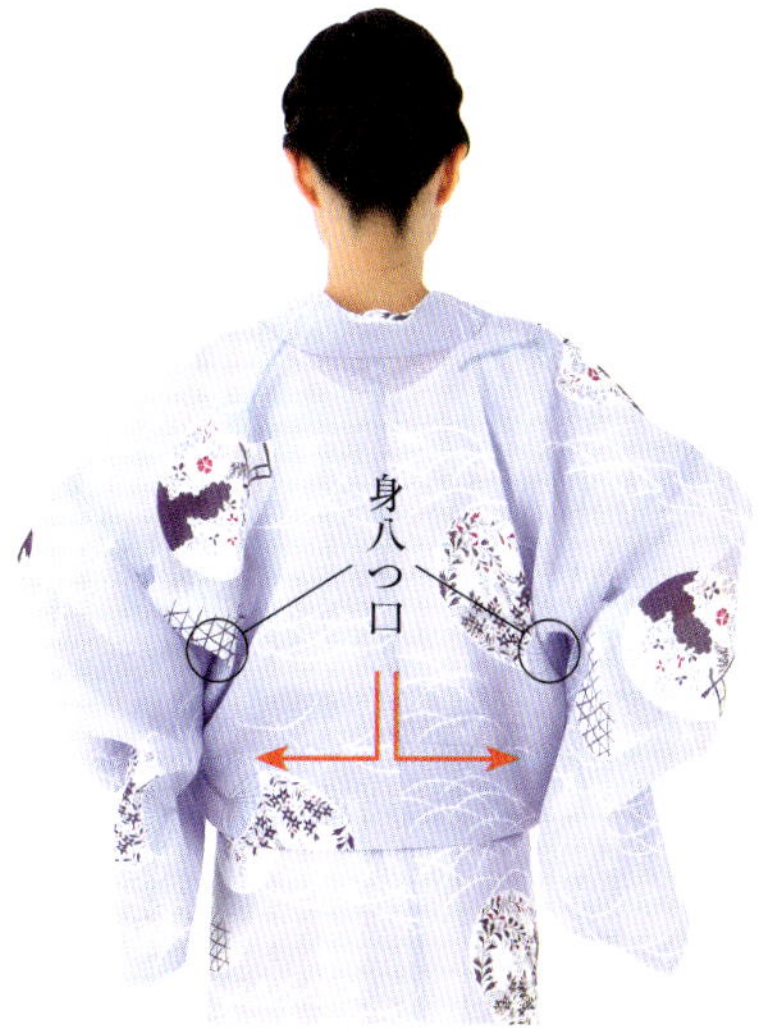

10 前のおはしょりを整える

そのまま、両手を前に持ってきたら、下前と上前のおはしょりを重ねて整えます。

11 衿合わせを整える

右手で上前、左手で下前の衿を持ち、首元からおはしょりまでを3回に分けて左右に引いて、前を合わせます。

12 衣紋《えもん》を抜く

左右の衿を合わせて片手で持ち、もう片方は背中心を持ちます。一度、背中心を下へ引き、そのあと、衣紋がこぶしひとつ分になるように戻します。

13 下前を整える

左手を身八つ口から入れて、下前の掛け衿の5㎝ほど下を持ちます。左手を軸にして、右手で下前のおはしょりを内側に折り上げます。

14 上前を整える

左手は衿を押さえたまま、右手だけで上前を重ねます。このとき、鎖骨が隠れるくらいに衿を合わせるのがポイントです。

15 腰紐を結ぶ

右手で腰紐の中心をとり、おへその5㎝ほど上に腰紐をあてます。腰紐を背中で交差させたら前で2回からげ、余った紐は挟み込んでおきます。

16 背中のしわをとる

指を左右に挟み、後ろのたるみを脇に持っていき、背中のしわをとります。

17 おはしょりを持ち上げる

おはしょりは、腰骨の上側から人差し指1本分の長さが理想。長いときは、おはしょりを持ち上げて短くします。

18 伊達《だて》締《じ》めを締めて、完成

伊達締めの下線がおへそのすぐ上（帯の下線の位置）にくるように、伊達締めを締めます（P23参照）。

ゆかた

完成 *finish*

チェックリスト
□ 衿合わせ
□ 衣紋
□ 胸元
□ おはしょり
□ 背中
□ 裾のライン
□ 裾の高さ

OK

衿合わせから鎖骨が見えていない

衿にゆるみや浮きがない

胸元にしわやたるみがない

おはしょりがすっきりしている

上前の裾から下前の裾がのぞいていない

裾つぼまりになっている

衣紋は適度に抜けている

背中にしわやたるみがない

裾はくるぶしくらいの高さ

NG

衿合わせから鎖骨が見えている

衿にゆるみや浮きがある

胸元にしわやたるみがある

おはしょりが長く、もこもこしている

上前の裾から下前の裾がのぞいている

衣紋が抜けていない

背中にしわやたるみがある

腰から裾にかけて広がっている

裾が短すぎる

ゆかたのときの肌着

素肌に直接ゆかたを着ると、衿元が開いてきたときに、胸元が見えることも。また、肌着には汗を吸い取り、裾さばきをよくして歩きやすくする役目もあります。快適に涼しく過ごすためにも、ゆかた下やタンクトップなどの肌着をつけましょう。

着物女子への道

いつか着物を颯爽と着こなす「着物女子」になりたい……。そんな願いを実現させるために、次の10ステップを実践してみてください。ステップを終えるころには、着物女子に！

1 「着物を着る」を体験する

まずは、着物を気軽に着る体験からはじめてみましょう。おすすめは、レンタル着物屋さんです。着物を自由に選べるうえに着せてもらうことができ、自分で用意するものも少なくてすみます。

2 着付けを練習する

着付けを学ぶステップに進みましょう。だれでも最初は初心者。思いどおりに着付けができなくても大丈夫です。深く考えず、「とりあえず練習してみる」という気軽な気持ちで。

3 着物を買う、譲り受ける

着付けをひと通り学んだら、あとは練習あるのみ！　手持ちの着物がなければ、手ごろな価格の着物を買うか、人に譲ってもらいましょう。また、着物で出かけるためには、履物などの小物が必要です。お出かけするためのアイテムを少しずつ揃えていくとよいでしょう。

4 出かけてみる

ひと通り着られるようになったら、いよいよお出かけ。ただし、長時間のお出かけは緊張も不安もあるので、最初は2～3時間だけ、近所にランチに行ったり、散歩したりくらいで。着物に慣れている人と一緒だと、万一着崩れたり、気分が悪くなったりしても安心です。

5 着崩れを確かめ、直す練習を

家に帰ってきたら、脱ぐ前に全身をチェック！　胸元や裾、帯結びなど、着崩れていたら直してみます。また、着心地悪く感じた箇所があれば、どこなのかも覚えておきましょう。

6 さらに着付けの練習を

自分で着付けて外出したことで、着付けのよくなかった部分や着崩れる箇所を知ることができました。また、お出かけを経験したことで、慣れの気持ちも出てくるころ。次のステップとして、自分の体に合った締め具合や位置を意識しながら着付けを練習してみましょう。

7 さらに出かけてみる

出かける場所や時間を変えてみましょう。外出先でも以前より緊張しないし、余裕もあるはず。電車やバスに乗って、美術館や観劇など、半日ほど出かけてみるのがおすすめです。

8 レベルアップした着付けを学ぶ

着付けもお出かけもたくさん経験したら、もう初心者ではありません。次なるステップとして、項目を意識した着付けを練習してみましょう（2章）。また、着付け時間を短くすることを意識しながらの練習も行ってみてください。

9 着物がほしくなってくる

少し高級なものや、自分のサイズに合ったものに興味が出てきます。仕立て上がりのプレタ着物よりも、反物《たんもの》を選んで仕立てる着物への憧れが出てくるころ。がんばってきた自分へのごほうびとして、着物のおあつらえを検討してみても。あつらえた着物を着てお出かけする目標ができることで、スキルアップへとつながります。

10 着物でもっと出かけたくなる

着付け時間が短くなって、着物で出かけることを楽しむ自分がいるはず。自信も出てきて、気がつけば、理想の「着物女子」へと変化していることでしょう。さぁ、着物を上手に着こなして颯爽と出かけましょう。

お出かけ編

CHAPTER

4

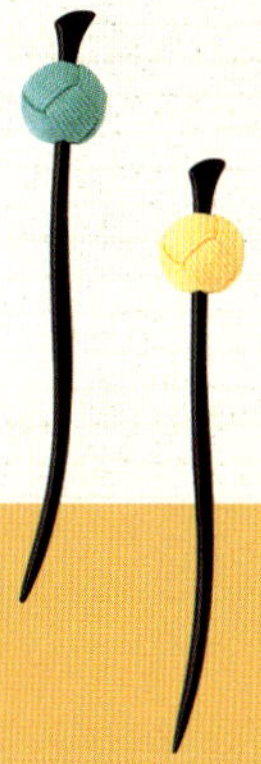

着付けをざっとマスターしたら、いよいよお出かけ。着物のときの履物から所作、家に帰ってからの手入れやたたみ方……。慣れれば簡単にできることばかりです。着物でお出かけする回数を増やし、早く慣れましょう。

バッグと履物

バッグ

着物のときに持つバッグに決まりはなく、洋服のときに使っているもので十分です。ただし、着物のときは、肩にバッグをかけるのはNG。着崩れの原因になるうえ、美しくありません。また、持ち手が長いバッグも、バランスが悪くなるので避けましょう。

着物に革バッグは相性がよく、見た目にもきちんと感があります。ただし、大きすぎるサイズは避けます。

かごバッグは夏のイメージですが、編み目が詰まっていれば、通年楽しめます。

布製のバッグは、トートバッグのようなカジュアルタイプから、「利休《りきゅう》バッグ」などの和装タイプまで、よく合います。

履物

大きく分けて、牛皮や合皮が張られた「草履《ぞうり》」、桐などの木から作られた「下駄」の2種類があります。草履はカジュアルからフォーマルまで揃いますが、下駄はカジュアルのみ。最初は、台が淡い色合いの草履を用意すると、使い回しがきいておすすめです。

「舟形《ふながた》」は下駄ですが、草履と同じような形をしているので、見た目に上品です。

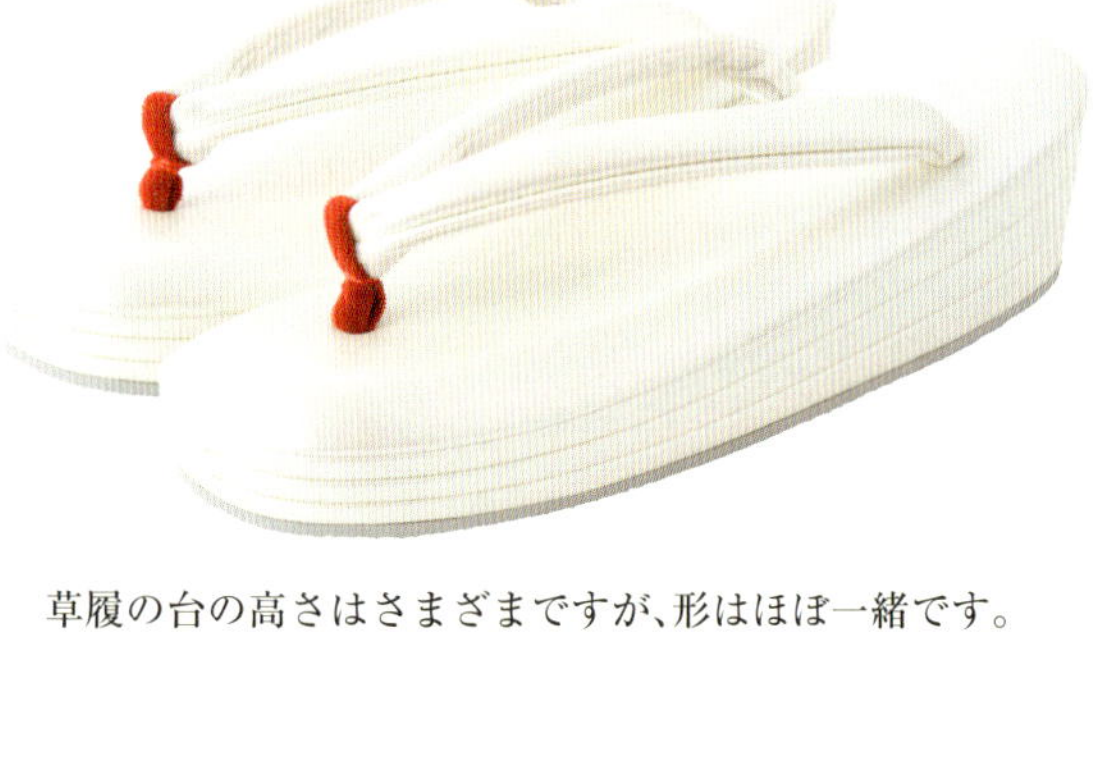

草履の台の高さはさまざまですが、形はほぼ一緒です。

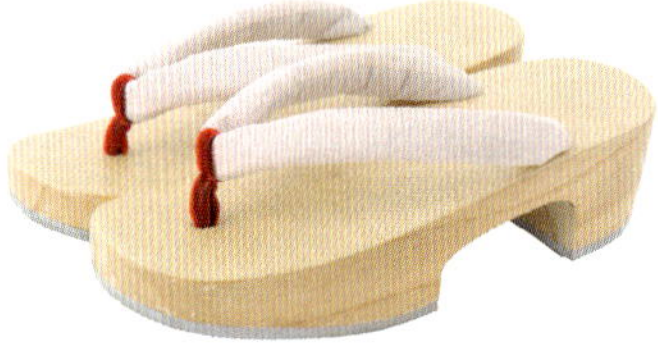

「右近《うこん》」は上から見ると小判形、横から見ると土踏まずのあたりがくりぬかれた、サンダル感覚の下駄です。

履物の正しい履き方

履物は靴と同じか近いサイズを選びます。履くと台からかかとや小指が出ますが、これが正しい履き方。また、足の指の股を鼻緒に深く入れると、足の甲が鼻緒で圧迫され、擦れたり痛んだりしてしまうことがあるので、浅めに。

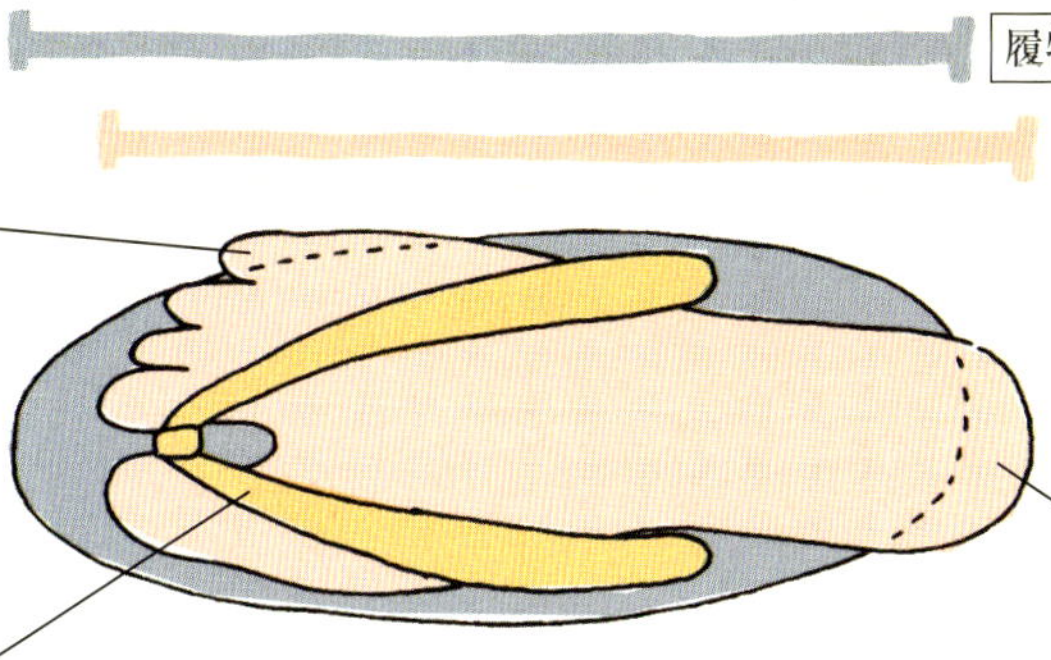
履物の台のサイズ
足のサイズ
かかとは2cmくらい出ます
小指は台から少しはみ出します
鼻緒は深く入れず、引っかけるように

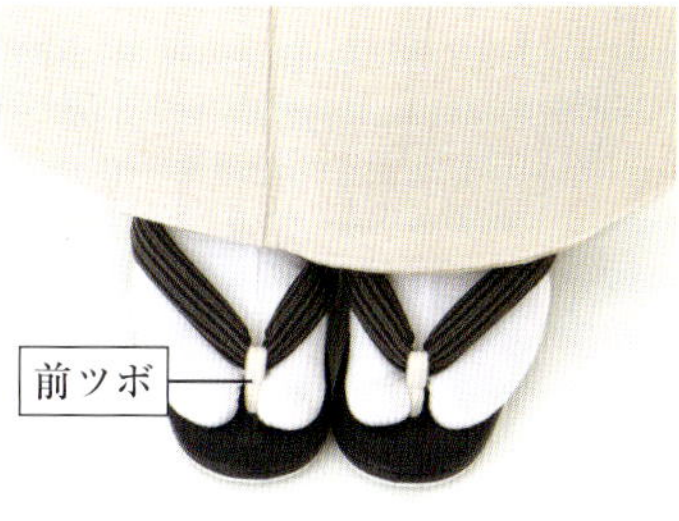

鼻緒への通し方

鼻緒に足の指を浅く通し、足の指で鼻緒の前ツボを挟むようにするのが正解。深く入れると圧迫感が出ます。

小指のはみ出し

鼻緒に指を入れると、台に対して足がやや斜めになるため、小指は台から少しはみ出ます。

かかとの出方

台から2cmほどかかとが出ます。かかとが出ているので、着物の裾を踏んでしまうこともありません。

鼻緒をつかむように持ったら、台をしっかり押さえて引っ張ります。

鼻緒がきついとき

履く前に鼻緒を引っ張っておくと、少しだけ圧迫感が軽減されます。ただ、応急処置的な方法なので、圧迫感が気になる人は、履物屋さんで鼻緒をすげてもらうといいでしょう。

【歩く】

大股で歩くと、裾が大きくめくれてしまい、見た目にもきれいではありません。歩幅を狭くして、やや内股にして歩きましょう。風などで裾のめくれが気になるときは、右手で裾の端をそっと押さえると、ややめくれにくくなります。

【立ち方】

待ち時間や写真を撮るときなど、片足に重心をかけて立たないように。足を揃えるか、少し前後にずらし、やや内股にします。手を前で組むときは、袖の振りが前から見えないように、後ろに振り払ってから組むと、袖まわりがきれいに。

【椅子に座る】

椅子の少し前に立ち、右手で上前の端を軽く押さえ、左手でおしりの下をなでるようにしてから腰を下ろします。椅子に深く座ると、背もたれにあたって帯が崩れる原因になることもあるので、浅めに座りましょう。

【電車に乗る】

電車に乗るときは、つり革ではなく棒につかまるようにしましょう。つり革は位置が高いため、手を高く上げなければなりません。結果、袖がめくれ、ひじまで見えて不格好に。なるべく棒のある場所に立ち、袖がめくれない程度の高さでつかまりましょう。

【正座をする、立つ】

右手で上前の端を少しつまんで持ち上げ、左手でひざ下を右から左下になでるようにして座ります。これで、ひざ下にしわができるのを防げます。立つときは、左手を体の横に置き、後ろに体重をかけるようにしながら立つと楽です。

【前にあるものを取る】

買い物のときなど、少し高い場所にあるものを取る場合は注意。着物の袖がひじまでめくれないように、反対側の手で袖口をそっと押さえます。食事の際、前に手を伸ばすときも同様にして袖口を押さえます。

【階段を下りる】

汚れやすいのが後ろの裾。両手で裾を軽くつまんで持ち上げ、裾を少し短くしてから下りましょう。また、雨が降ったあとの階段はとくに注意が必要。やや多めに裾を持ち上げ、後ろの裾に水のはね返りが飛ばないように気をつけます。

【車に乗る】

右手で上前の端を軽く押さえておき、左手でおしりの下をなでるようにして、まずおしりから座り、体を回転させて正面を向きます。降りるときは、まずドアを開け、体をドア側に回転させてから、足を車の外に着き、右手で上前の端を押さえながら立ちます。

【階段を上る】

そのまま階段を上ろうとすると、一段上に足を置くとき、上前の裾が階段について、裾が汚れてしまうこともあります。階段を上る前に両手で裾を軽くつまんで少し持ち上げ、裾を短くしてから上りましょう。

トイレ

着物、長襦袢《ながじゅばん》、裾よけの順に外側からまくり上げ、裾よけで着物と長襦袢を包むようにして持っておきます。戻すときは裾よけから順に1枚ずつ。最後に、お太鼓の「たれ」も確かめておきましょう。

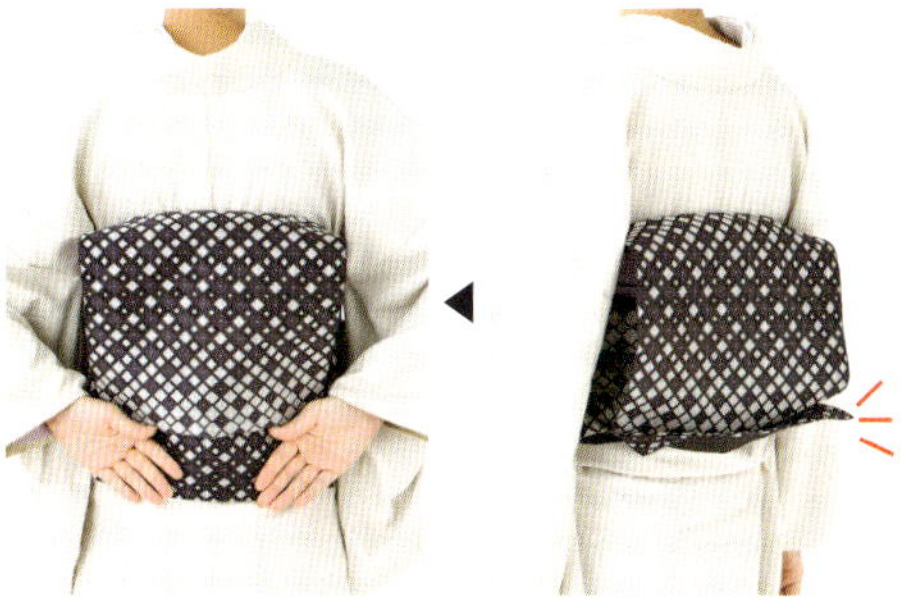

トイレから出るとき、お太鼓の「たれ」をチェック。めくれ上がっていたら、元に戻します。

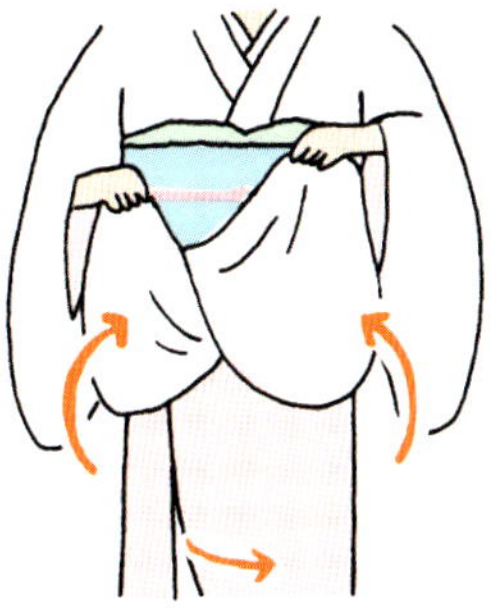

外側から1枚ずつ、上前《うわまえ》、下前《したまえ》、長襦袢の順にまくります。

脱いだあとの簡単な手入れ

1 着物を脱ぐ

小物を外して、帯を解き、着物や長襦《ながじゅ》袢《ばん》などをすべて脱ぎます。

2 汚れやシミをチェック

着物や帯に汚れなどがついていないかをチェック。衿元や上前《うわまえ》のおはしょり下、帯は前帯をとくに念入りに見ましょう。汚れがひどいときは自分で落とそうとせず、着物専門のクリーニング屋さんや着物屋さんに相談することをおすすめします。

3 着物をかける

着物ハンガーに着物をかけ、湿気がなくなるまで、着用時間と同じ時間、もしくは半日ほど、室内の風通しのよい場所に干しておきます。

4 帯をかける

帯もハンガーや椅子の背もたれなどにかけて、湿気がなくなるまで干します。

5 帯揚げや帯締めをかける

帯揚げや帯締めも同様に風を通しましょう。ハンガーや椅子の背もたれなどにかけて、湿気がなくなるまで干しておきます。

6 長襦袢をかける

長襦袢も着物と同様に、着物ハンガー、または、洋服のハンガーにかけて、湿気がなくなるまで干します。

7 着付け小物をかける

腰紐や伊達《だて》締《じ》めなどもハンガーや椅子の背もたれにかけて、湿気がなくなるまで干します。腰紐の湿気が気になるときは洗いましょう。

8 履物を風通しのよいところに

履物はすぐに箱にしまってはいけません。湿気がなくなるまで、壁に立てかけて湿気を飛ばしましょう。そのあと、しまいます。

9 足袋《たび》を水につける

足袋は水にひと晩つけてから洗濯機で洗うと、汚れがよく落ちます。

10 肌着類を洗濯機へ

肌襦袢《はだじゅばん》や裾よけ、タンクトップなどは、必要に応じて洗濯ネットに入れ、洗濯機で洗います。

着物 -座ってたたむ-

01

衿が左になるように置き、下前《したまえ》の裾を「おくみ線」の縫い目に沿って、手前に折ります。

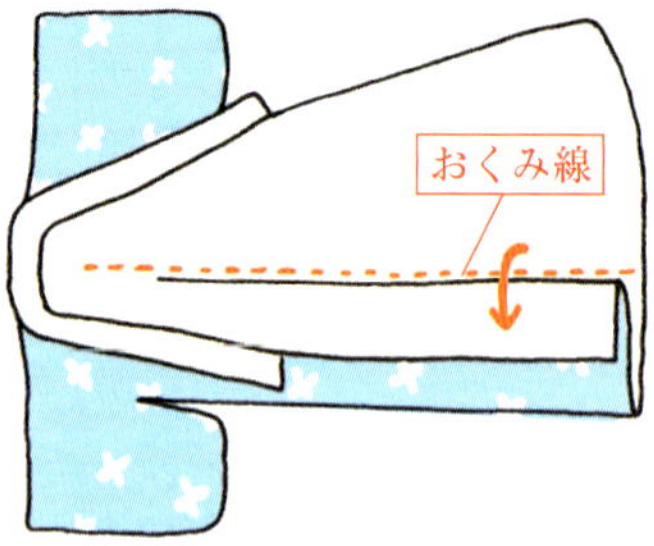

02

下前の端に上前《うわまえ》の端を重ねます。このとき、衿先くらいまで重ね、衿元はそのままでOKです。

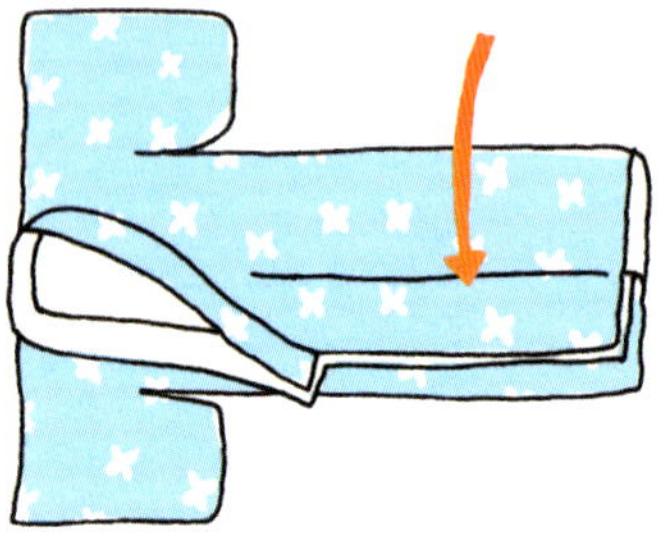

03

上前のおくみ線の縫い目に沿い、上前全体を重ねます。衿先下あたりに左手を置き、右手で裾までなで、しわをとります。

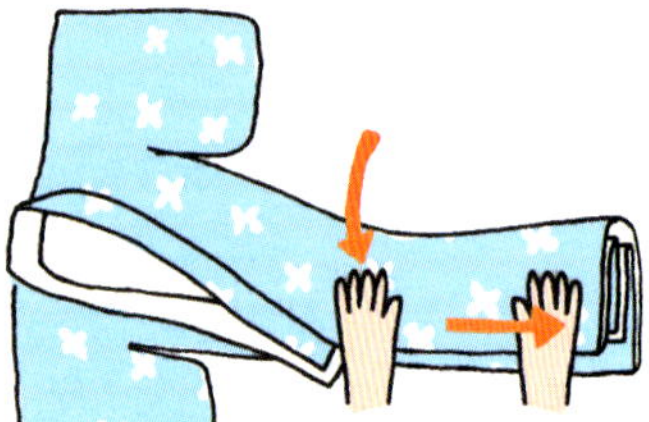

04

裾がずれないように巻いておきます。衿を衿先から重ね、衣《え》紋《もん》部分は三角に折ります。

05

衣紋を重ねたら左手で押さえ、衿や胸元にたるみがなく、きれいに重なっているかを確認します。

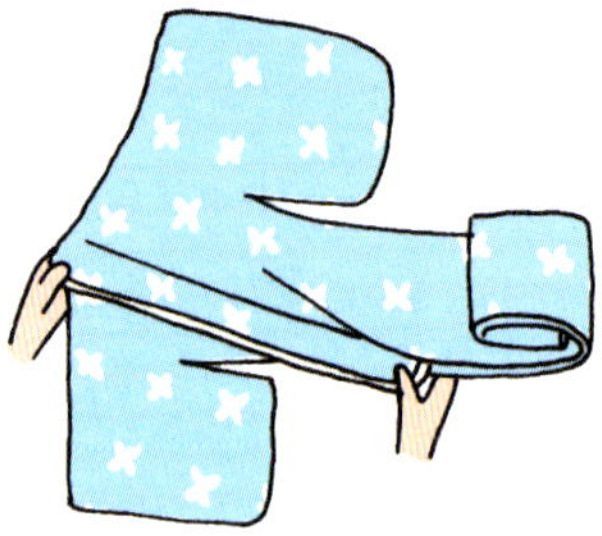

06

下前の袖に上前の袖を重ねます。そのあと、肩山に左手を置き、空気を抜くように、右手で左から右になでます。

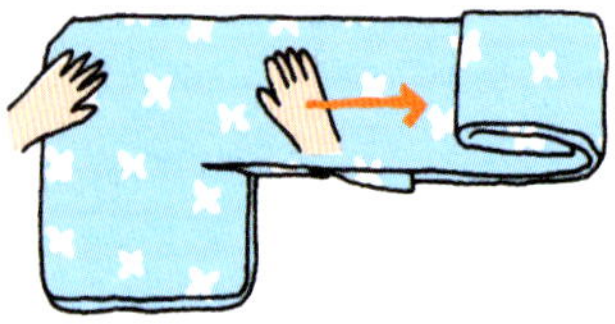

07

身頃を崩さないように注意しながら、袖付けの縫い目に沿って袖をそれぞれ外側に折り、身頃に重ねます。

08

巻いておいた裾をいったん広げ、身丈の半分のところで折ったら、でき上がりです。

着物 -立ってたたむ-

01

衿についている、背中心の両側の折り目を持ちます。

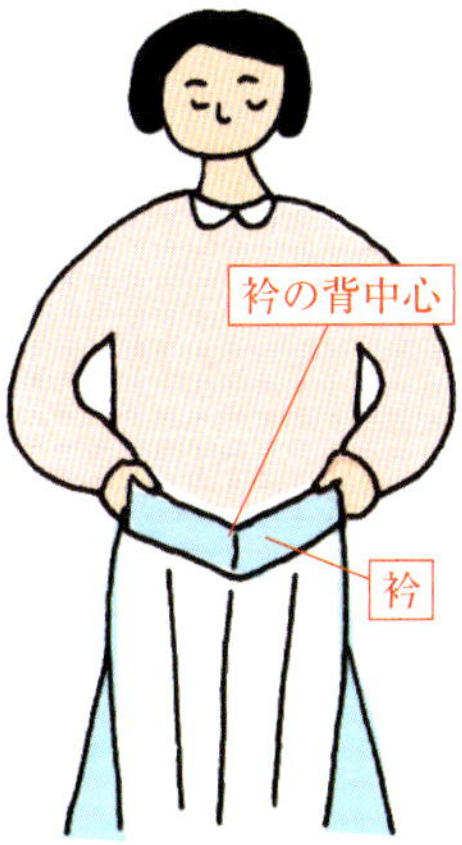

02

衿の背中心を谷折りにして、左右の折り目を重ねます。

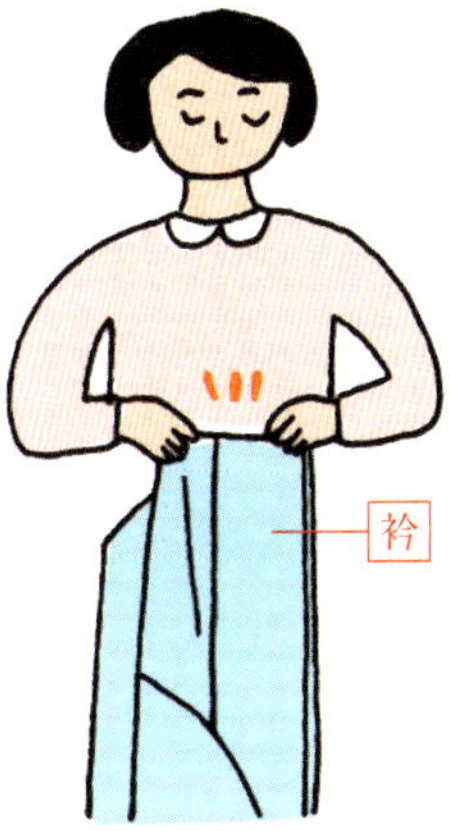

03

重ねた衿部分が崩れないように押さえたまま、衿部分の上線に沿って、身頃の肩山の折り目を片方ずつ重ねます。

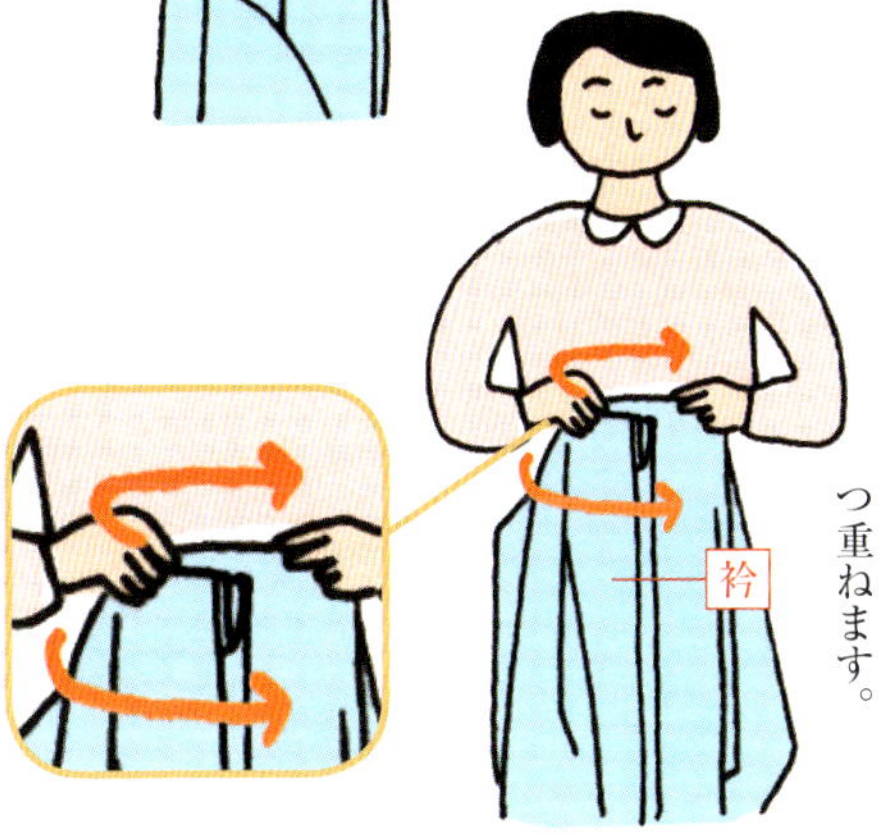

04

衿部分の上線に沿って左右の身頃を重ねたら、重なり合った衿と身頃がずれないように、しっかり持ちましょう。

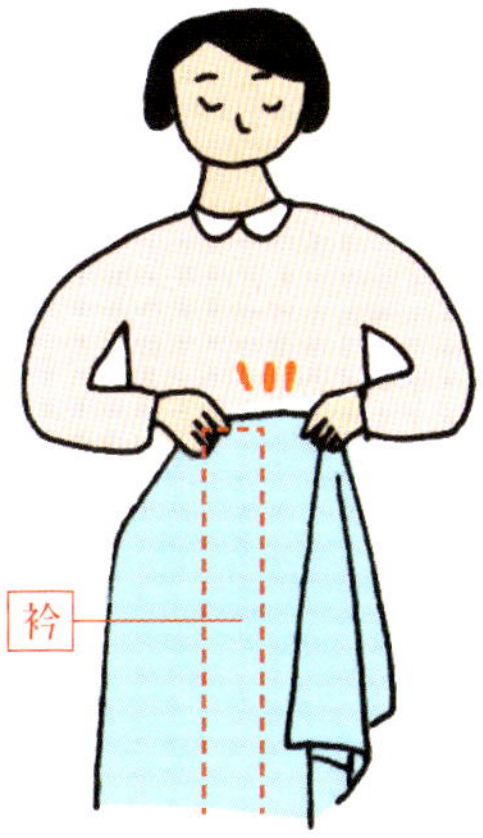

05

袖を袖付け部分の縫い目に沿って、それぞれ外側に折って、身頃に重ねます。

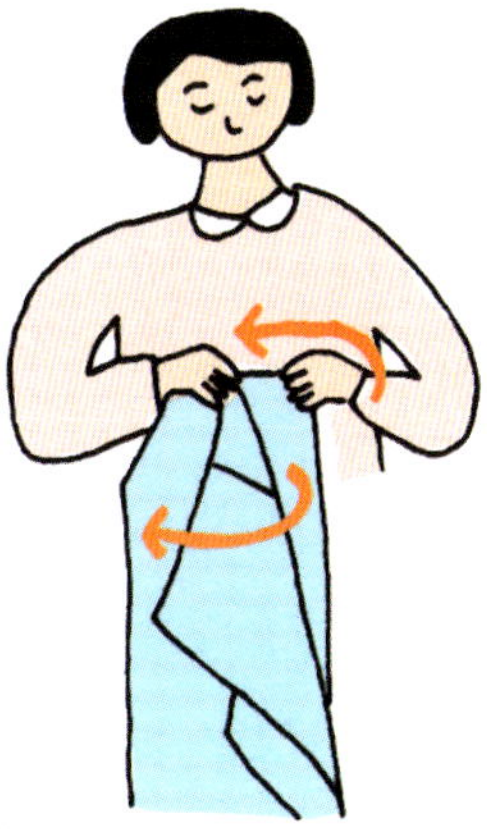

06

衿と両袖を重ねた部分が崩れないように持ち、もう一方の手で両側の衿先を揃えて持ったら、左右に少し揺らします。

07

身頃の長さ半分のあたりを腕にかけます。

08

長さを半分にして重ね、でき上がりです。

名古屋帯

01

名古屋帯を裏返し、「たれ」が右になるように置いたら、お太鼓山（三角になっている部分）を三角に折ります。

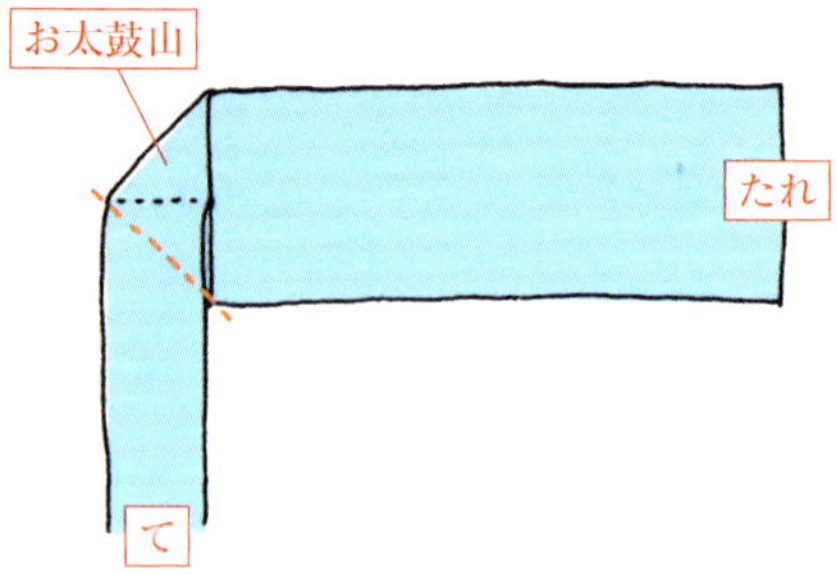

02

折り紙をたたむように「て」を「たれ」の上に折っていきます。端にきたら、「て」を三角形になるように折ります。

03

「て」をお太鼓山の近くで折り返したら、お太鼓山を内側に折り重ねます。

04

さらに長さを半分に折って、でき上がりです。

長襦袢《ながじゅばん》

01

長襦袢から衿芯を抜いたら、衿が左になるように置いて長襦袢を広げ、上前を上にします。

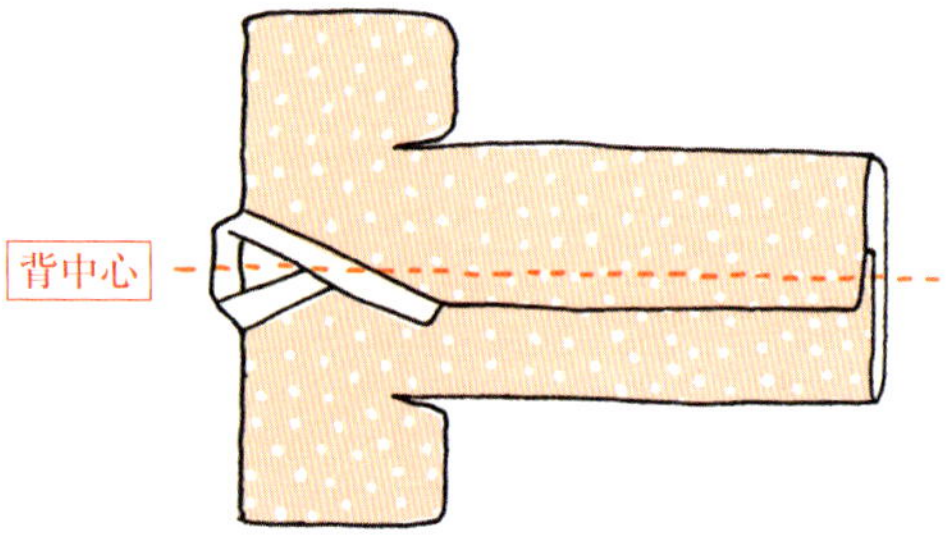

02

下前の脇縫いが背中心までくるように折りたたんだら、袖付けの縫い目に沿って折り返します。

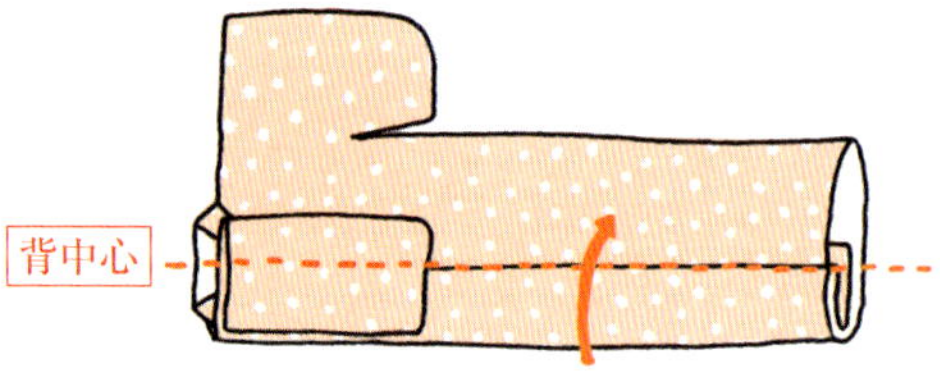

03

上前も同様にして、袖付けの縫い目に沿って、折り返します。

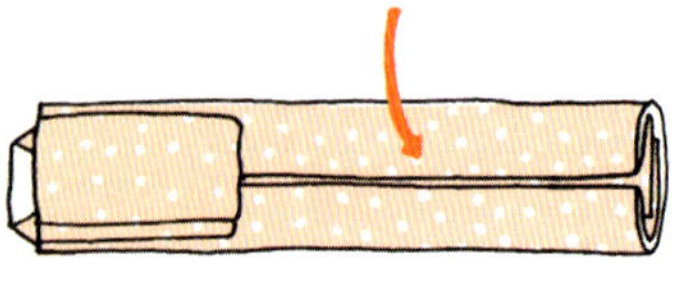

04

袖を重ねた部分が崩れないようにしながら、身丈の半分のところで折ったらでき上がりです。

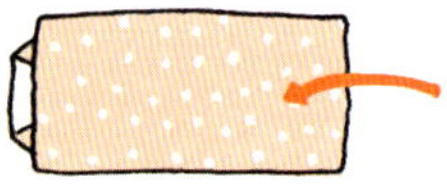

付属DVDの
楽しみ方

1

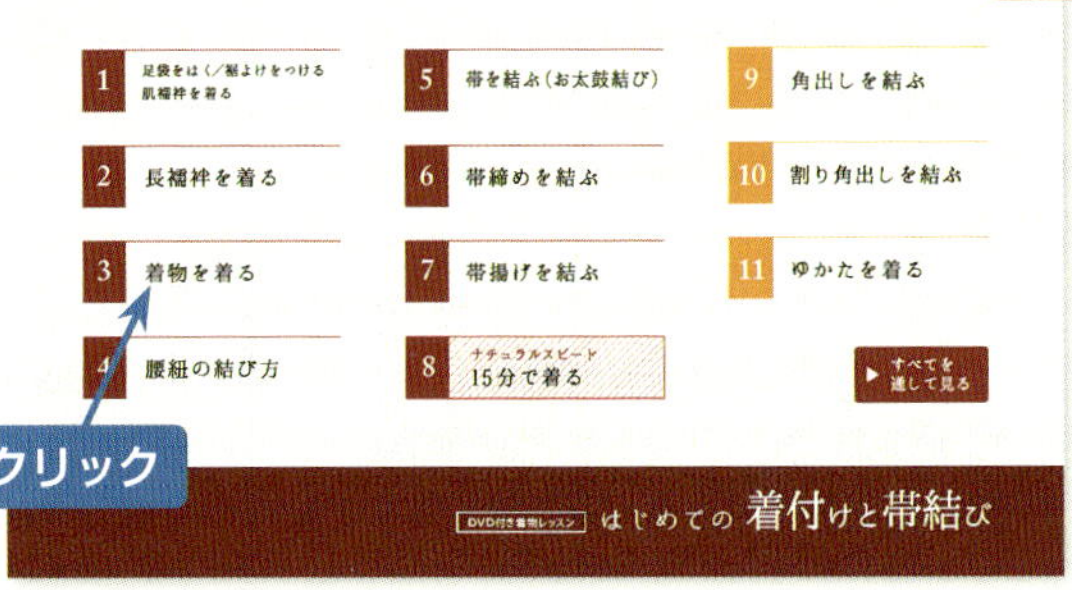

DVD をプレーヤーに挿入すると、メインメニューが表示されます。見たい項目を選びましょう。

2

それぞれの項目の最初の画面になり、再生がはじまります。

ナチュラルスピードで見るとき

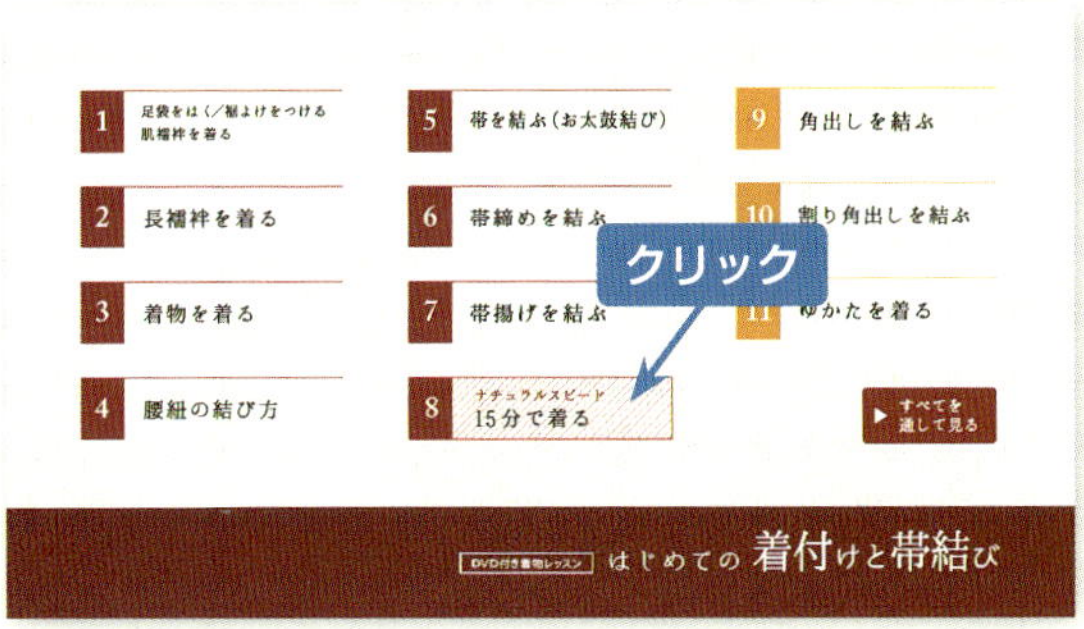

メインメニューから、「ナチュラルスピード 15 分で着る」を選びましょう。ナチュラルな速さを体感することができます。なお、着付けに慣れてくると、15 分程度で着付けられるようになります。

すべてを通して見るとき

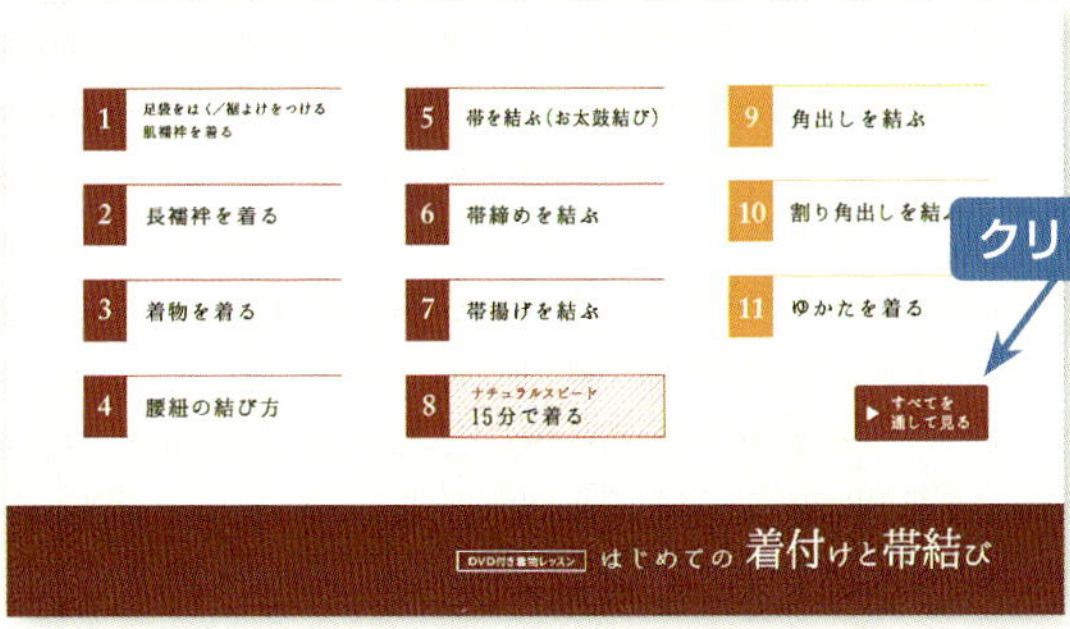

メインメニューから、「すべてを通して見る」を選びましょう。ひと通り見ることができます。

【 収録時間 62 分 】＊DVD の内容が本文と多少異なる場合がございます。

＊視聴の際は部屋を明るくし、画面から離れてご覧ください。長時間続けての視聴は避け、休憩をとりながらご覧ください。

＊DVD は映像と音声を同時に記録したディスクです。12cmDVD 対応のプレーヤーで再生してください。なお、DVD ドライブ付きパソコンやゲーム機などの一部の機種では再生できない場合があります。使用環境や操作方法についてのお問い合わせには応じかねますので、ご了承ください。また、プレーヤーやデータに万一何らかの損害が生じても、いかなる補償もいたしかねます。

＊ディスクは両面とも指紋、汚れ、傷等をつけないように取り扱ってください。また、ディスクに対して大きな負荷がかかると微小な反りが生じ、データの読み取りに支障をきたす場合もありますので、ご注意ください。

＊このディスクを無断で複製、放送、上映、配信することは法律により禁じられています。

＊図書館における館外貸し出しが可能です。

着物屋くるり

一般的にいう「呉服店」「着物屋」とはまったく違う、独自のスタイルを持った、スタイリッシュな「キモノショップ」。型にはまらない自由な発想による革新的な商品や、「きものビギナーズスペシャルレッスン」「きものコンシェルジュサービス」「和の女塾」などのコンテンツでも、絶大な人気を得ており、「キモノ」が刺激的で魅力にあふれた「文化」であるということ、22世紀に向けて進化し続ける「生きたファッションの潮流」であることを発信し続けている。一般社団法人日本きものファッション協会主宰。著書に『DVDで着物の手ほどき 着付けと帯結び』『着合わせから手入れまで 着物イロハ事典』(ともに成美堂出版)、『デニム着物の本』(河出書房新社)などがある。

http://kururi.net/

大竹恵理子

長沼静きもの学院にて、一般的な着付けをはじめ、花魁《おいらん》などの時代衣裳、白無垢などの婚礼衣裳まで、様々な着付けを学び、2006年(株)着物屋くるり入社。以降、くるりのスタイリング・着付け全般を担当。現在は、フリーランスのスタイリスト、着付師として、広告、CM、雑誌、書籍などの媒体を中心に活動中。

http://eriko-otake.com/

STAFF
着付け・スタイリング 大竹恵理子
ヘアメイク 草繭
モデル 天野恵子、大橋紘子、三橋真実、山田甲子
撮影 本間直子
イラスト 石川恭子
デザイン 佐久間麻理
編集 小畑さとみ
校正 木串かつこ
企画・編集 市川綾子(朝日新聞出版 生活・文化編集部)

DVD
制作 鴽田和生(セクションナイン)
スタイリング 大竹恵理子
モデル 岡田奈穂美
着付け指導 WAnocoto

【撮影協力】
itonosaki
東京都港区南青山4-1-5 KFビル2F
03-6721-1358
http://itonosaki.tokyo/

DVD付《つ》き着物《きもの》レッスン
はじめての着付《きつ》けと帯結《おびむす》び

編　者 着物屋くるり
発行者 須田剛
発行所 朝日新聞出版
〒104-8011 東京都中央区築地5-3-2
電話 (03) 5541-8996 (編集)
(03) 5540-7793 (販売)
印刷所 図書印刷株式会社

Published in Japan by Asahi Shimbun Publications Inc.
ISBN 978-4-02-333015-3

価格はカバーに表示してあります。
落丁・乱丁の場合は弊社業務部(電話03-5540-7800)へご連絡ください。送料弊社負担にてお取り替えいたします。